A REVOLUÇÃO DAS CIDADES INTELIGENTES NA CHINA
PERSPECTIVAS DO DESENVOLVIMENTO URBANO NO SÉCULO XXI

Editora Appris Ltda.
1.ª Edição - Copyright© 2024 do autor
Direitos de Edição Reservados à Editora Appris Ltda.

Nenhuma parte desta obra poderá ser utilizada indevidamente, sem estar de acordo com a Lei nº 9.610/98. Se incorreções forem encontradas, serão de exclusiva responsabilidade de seus organizadores. Foi realizado o Depósito Legal na Fundação Biblioteca Nacional, de acordo com as Leis nºs 10.994, de 14/12/2004, e 12.192, de 14/01/2010.

Catalogação na Fonte
Elaborado por: Dayanne Leal Souza
Bibliotecária CRB 9/2162

P436r
2024
	Pereira, Fernando Marcelino
	   A revolução das cidades inteligentes na China: perspectivas do desenvolvimento urbano no século XXI / Fernando Marcelino Pereira. –
	1. ed. – Curitiba: Appris, 2024.
	   121 p. ; 21 cm. (Coleção Ciências Sociais).
	
	   Inclui referências.
	   ISBN 978-65-250-6303-4
	
	   1. Planejamento urbano. 2. Cidades inteligentes. 3. China. I. Pereira, Fernando Marcelino. II. Título. III. Série.
	
	                                                                CDD – 711

Livro de acordo com a normalização técnica da ABNT

Appris
editora

Editora e Livraria Appris Ltda.
Av. Manoel Ribas, 2265 – Mercês
Curitiba/PR – CEP: 80810-002
Tel. (41) 3156 - 4731
www.editoraappris.com.br

Printed in Brazil
Impresso no Brasil

Fernando Marcelino Pereira

A REVOLUÇÃO DAS CIDADES INTELIGENTES NA CHINA

PERSPECTIVAS DO DESENVOLVIMENTO URBANO NO SÉCULO XXI

Appris
editora

Curitiba, PR

2024

FICHA TÉCNICA

EDITORIAL
Augusto Coelho
Sara C. de Andrade Coelho

COMITÊ EDITORIAL
Ana El Achkar (Universo/RJ)
Andréa Barbosa Gouveia (UFPR)
Antonio Evangelista de Souza Netto (PUC-SP)
Belinda Cunha (UFPB)
Délton Winter de Carvalho (FMP)
Edson da Silva (UFVJM)
Eliete Correia dos Santos (UEPB)
Erineu Foerste (UFES)
Erineu Foerste (Ufes)
Fabiano Santos (UERJ-IESP)
Francinete Fernandes de Sousa (UEPB)
Francisco Carlos Duarte (PUCPR)
Francisco de Assis (Fiam-Faam-SP-Brasil)
Gláucia Figueiredo (UNIPAMPA/ UDELAR)
Jacques de Lima Ferreira (UNOESC)
Jean Carlos Gonçalves (UFPR)
José Wálter Nunes (UnB)
Junia de Vilhena (PUC-RIO)
Lucas Mesquita (UNILA)
Márcia Gonçalves (Unitau)
Maria Aparecida Barbosa (USP)
Maria Margarida de Andrade (Umack)
Marilda A. Behrens (PUCPR)
Marília Andrade Torales Campos (UFPR)
Marli Caetano
Patrícia L. Torres (PUCPR)
Paula Costa Mosca Macedo (UNIFESP)
Ramon Blanco (UNILA)
Roberta Ecleide Kelly (NEPE)
Roque Ismael da Costa Güllich (UFFS)
Sergio Gomes (UFRJ)
Tiago Gagliano Pinto Alberto (PUCPR)
Toni Reis (UP)
Valdomiro de Oliveira (UFPR)

SUPERVISOR DA PRODUÇÃO
Renata Cristina Lopes Miccelli

PRODUÇÃO EDITORIAL
Bruna Holmen

REVISÃO
José A. Ramos Junior

DIAGRAMAÇÃO
Ana Beatriz Fonseca

CAPA
Eneo Lage

REVISÃO DE PROVA
Jibril Keddeh

COMITÊ CIENTÍFICO DA COLEÇÃO CIÊNCIAS SOCIAIS

DIREÇÃO CIENTÍFICA
Fabiano Santos (UERJ-IESP)

CONSULTORES

Alícia Ferreira Gonçalves (UFPB)

Artur Perrusi (UFPB)

Carlos Xavier de Azevedo Netto (UFPB)

Charles Pessanha (UFRJ)

Flávio Munhoz Sofiati (UFG)

Elisandro Pires Frigo (UFPR-Palotina)

Gabriel Augusto Miranda Setti (UnB)

Helcimara de Souza Telles (UFMG)

Iraneide Soares da Silva (UFC-UFPI)

João Feres Junior (Uerj)

Jordão Horta Nunes (UFG)

José Henrique Artigas de Godoy (UFPB)

Josilene Pinheiro Mariz (UFCG)

Leticia Andrade (UEMS)

Luiz Gonzaga Teixeira (USP)

Marcelo Almeida Peloggio (UFC)

Maurício Novaes Souza (IF Sudeste-MG)

Michelle Sato Frigo (UFPR-Palotina)

Revalino Freitas (UFG)

Simone Wolff (UEL)

PREFÁCIO

Um trabalho essencial

Ao lado da emergência da questão climática e da contínua transição campo-cidade, que ainda ocorre na maioria dos países, a questão urbana continua guardando sua centralidade. É evidente que as grandes questões que envolvem a transformação de crise agrária de superpopulação em crise urbana de superpopulação ainda demandam ampliação de debate e demarcação de posição em torno da centralidade do desenvolvimento das forças produtivas nas grandes cidades, da abertura de novos campos de acumulação e de um poderoso sistema financeiro.

No caso da China, uma formação econômico-social de orientação socialista, diferentemente dos países de orientação capitalista, o planejamento urbano é uma ferramenta a serviço do Estado e, crescentemente, das necessidades humanas. É sob essa perspectiva que devemos analisar o processo histórico de urbanização em andamento na China. Nesse país, combinam-se todas as vantagens competitivas que o socialismo pode oferecer em matéria de desenvolvimento urbano, notadamente a propriedade pública do solo — o que impede que determinados movimentos criem inesperadas ondas de geração de rendas diferenciais, algo que impossibilita o pleno desenvolvimento de metrópoles do Sul Global.

Fernando Marcelino nos entrega um belíssimo trabalho sobre o estado da arte da questão urbana chinesa com o surgimento e a ampliação, em escala nacional, das chamadas "cidades inteligentes". Segundo o próprio Marcelino:

> A natureza do desenvolvimento nacional baseado no socialismo de mercado influi decisivamente na forma como as cidades inteligentes cresceram na

China — com planejamento de longo prazo, ação estatal, industrialização, avanços sociais e tecnológicos, coordenação em regiões e *clusters* focados em suas vantagens comparativas, alta seguridade social, investimento massivo em infraestruturas, empresas nacionais e universidades, redes de energia e transporte de ponta integrando todo o país.

Vocês têm diante de si a história desse processo contada por um brilhante intelectual brasileiro interessado em questões de fronteira. Fernando Marcelino é sempre uma ótima leitura. Aqui não é diferente.

Elias Jabbour

Xangai, PRC

Autor de China: o socialismo do século XXI

SUMÁRIO

1

A REVOLUÇÃO DAS CIDADES INTELIGENTES NA CHINA 9

2

PLANEJAMENTO E INOVAÇÃO URBANA COM CARACTERÍSTICAS CHINESAS 23

2.1 Reformas e urbanização 27

2.2 Emergência das cidades inteligentes na China 36

3

POLÍTICAS MUNICIPAIS DE URBANIZAÇÃO INTELIGENTE 47

3.1 As principais cidades inteligentes da China 47

3.1.1 Pequim 50

3.1.2 Xangai 53

3.1.3 Shenzhen 56

3.1.4 Hangzhou 60

3.1.5 Guangzhou 62

3.1.6 Chongqing 64

3.1.7 Changsha 66

3.1.8 Wuhan 68

3.1.9 Outras experiências urbanas 71

3.2 Urbanização robótica 78

3.3 Cidades-esponja 85

3.4 Ecocidades 88

3.5 Xiong'an: a nova capital 91

4

PERSPECTIVAS DAS CIDADES INTELIGENTES CHINESAS NO SÉCULO XXI 101

REFERÊNCIAS 113

1

A REVOLUÇÃO DAS CIDADES INTELIGENTES NA CHINA

A urbanização planetária ganhou muita atenção durante as últimas décadas. Cada região e país passam por processos singulares de urbanização, no qual as zonas rurais tornam-se urbanas num processo complexo e dinâmico de ampla mudança do modo de uso do solo e da atividade econômica. Apesar de estar presente desde a Antiguidade, o processo urbanístico tornou-se mais intenso globalmente a partir do século XX, com a industrialização de diversos países e com o aumento da concentração de capital acumulado em determinados espaços. Enquanto em 1900 15% da população mundial residia em cidades, em 1950 essa proporção atingiu 30%; em 2014 chegou a 53%; e espera-se que a população urbana represente 60% da população do planeta até 2030 (Robinson, 2022).

O grau de urbanização não é homogêneo nas regiões do planeta. As regiões mais urbanizadas atualmente são América do Norte (83%), América Latina (80%) e Europa (73%). O continente africano aparece em contraposição com 60% da população vivendo em áreas rurais. A Ásia, no entanto, destacou-se nas últimas décadas impulsionando uma rápida urbanização global, liderada principalmente pela China e pelos países do Sudeste Asiático. As projeções demográficas para 2050 apresentam uma nova geografia mundial. Estima-se que a população urbana do mundo cresça dos atuais 3,9 bilhões para 6,3 bilhões. E 90% desse crescimento se dará em áreas urbanas da África — cuja população urbana triplicará — e da Ásia — que crescerá 60%. Some-se a isso o fato de que alguns poucos países concentram metade da população urbana do mundo. A China (758 milhões) e a Índia (410 milhões), por exemplo, são responsáveis por 30% da população urbana mundial. Projeções sugerem que a

China, a Índia e a Nigéria vão representar 40% do total de novos habitantes urbanos projetados para 2050. No Brasil, atualmente 81% da população vive em cidades e a projeção para 2050 é que essa taxa cresça para 91% (Um-Habitat, 2012).

Diante da situação em que cidades em todo o mundo enfrentam enormes desafios de infraestrutura e serviços devido à falta de desenvolvimento combinado com crescimento populacional, os modelos tradicionais de urbanização já não são suficientes. Com isso, muitas cidades lançam programas de desenvolvimento de cidades inteligentes — *smart cities* — para tentar otimizar serviços públicos e intervir na urbanização com melhor eficácia. Sob diferentes orientações e políticas, a construção de cidades inteligentes se tornou uma tendência imperativa para o desenvolvimento urbano de alta qualidade, sendo uma possível solução para vários problemas que afligem a urbanização, tais como pressão do crescimento populacional, violência, escassez de recursos, degradação ambiental e fragilidade econômica.

A origem do conceito de "cidade inteligente" remonta à década de 1980, quando surgiu o movimento do Novo Urbanismo nos Estados Unidos. Esse movimento foi acompanhado pela introdução da tecnologia da informação. Na década de 1990, o termo "cidade inteligente" foi usado pela primeira vez na mídia. Em 2009, o CEO da IBM propôs o conceito de "*smart Earth*", que visava concretizar um conceito central de "sentir, conectar e inteligência", levando a um aumento significativo na popularidade das cidades inteligentes em todo o mundo.

A definição de cidades inteligentes varia entre diferentes países e regiões, devido às diferentes condições econômicas, geográficas, ambientais e culturais, o que resulta na falta de um entendimento unificado entre a comunidade acadêmica. Embora muitos estudiosos tenham tentado delinear as características das cidades inteligentes, concentrando-se em áreas como governança, tecnologia, comunicação, sustentabilidade, transporte e meio ambiente, as suas definições muitas vezes carecem de reconhecimento universal. Apesar de não haver definição única sobre o que é uma *smart city,* a ideia básica é multiplicar soluções tecnológicas para aumentar a efetividade das operações urbanas, otimizar o uso de recursos naturais e financeiros e incentivar projetos inovadores que favoreçam o desenvolvimento socioeconômico e ambiental. A literatura converge para um núcleo conceptual da cidade inteligente — a tecnologia, no contexto da ascensão da economia do conhecimento. Nesse sentido, apesar da diversidade de direções para alinhar a cidade inteligente, a tecnologia continua no centro para ser o fator definidor.

Com sua evolução, as cidades inteligentes intensificaram os debates sobre o que exatamente é uma "cidade inteligente". Uma perspectiva mais restrita de uma cidade inteligente enfatiza a aplicação de tecnologia para tornar a infraestrutura e os serviços urbanos mais inteligentes, interligados e eficientes. Esse tipo de inteligência e eficiência requer um ambiente urbano instrumentado. Com a ajuda de vários sensores, dispositivos eletrônicos e aplicações, o estado operacional das principais infraestruturas urbanas pode ser monitorado e integrado para formar um mecanismo de automonitoramento e autorreação da cidade em si. O processamento de vários dados com a ajuda da tecnologia pode otimizar o funcionamento da infraestrutura urbana, fornecer serviços mais eficientes e promover a cooperação econômica e a inovação (Marsal-Lacuna, 2015). Uma cidade inteligente seria uma área urbana que utiliza vários tipos de tecnologias de informação e comunicação (TICs) para aumentar a eficiência operacional e gerir recursos, permitindo um nível de consciência cognitiva para executar funções que tradicionalmente eram realizadas por humanos. Essa tecnologia pode tomar decisões sem intervenção humana e emprega aprendizado de máquina e Big Data para isso. O principal facilitador tecnológico do movimento das cidades inteligentes é o acesso onipresente e instantâneo à informação e a capacidade de processamento de informações, em formas como Big Data e internet das coisas (IoT) (Hu, 2016).

Os estudiosos que definem cidades inteligentes com base em uma perspectiva mais restrita geralmente focam no nível técnico e dividem a ideia de uma cidade inteligente em sua camada de percepção, camada de rede e camada de aplicação. A camada de percepção refere-se à aquisição de dados básicos da cidade com base em equipamentos de percepção, medição, captura e transferência de informações, como identificação por radiofrequência, sensores infravermelhos, sistemas de posicionamento global, scanners a laser, telefones celulares etc. A camada de rede utiliza a internet, a IoT e plataformas de informação para processar, integrar, interagir e compartilhar informações dispersas e explorar o significado prático dos dados da cidade, identificando problemas da cidade. A camada de aplicação é a personificação mais intuitiva da promoção do desenvolvimento urbano de uma cidade inteligente. Fornece suporte de dados ou serviços de tomada de decisão correspondentes para as diversas funções e necessidades da cidade (Deren, 2014).

Há um debate de longa data sobre abordagens centradas na tecnologia *versus* abordagens centradas no ser humano para a criação eficaz de *smart cities*. A abordagem centrada na tecnologia prioriza a aplicação da tecnologia em vários sistemas urbanos, mas há um consenso crescente de que elas por si só são insuficientes para atingir os principais objetivos das cidades inteligentes e resolver questões sociais. A definição mais restrita de cidade inteligente proporciona um caminho técnico, no entanto, é dada menos atenção às atividades econômicas, culturais e sociais urbanas conduzidas por seres humanos; por isso, tem sido criticada por ser demasiado orientada para a tecnologia (Hollands, 2008). Na verdade, a desigualdade e a exclusão social foram ainda exacerbadas pela abordagem inicial centrada na tecnologia (Costales, 2022). Assim, há uma ênfase crescente nos princípios centrados no ser humano para o desenvolvimento de cidades inteligentes, destacando o investimento e o envolvimento do capital humano (Kummitha; Crutzen, 2019).

O movimento das cidades inteligentes é frequentemente criticado por se centrar na tecnologia, que frequentemente é utilizada para disfarçar a sua natureza neoliberal. A cidade inteligente atua para "vender" uma cidade na economia global e mascara a governança e as estratégias empresariais, orientadas para promover empresas empresariais globalizadas. Empresas globais de tecnologia — IBM, Siemens e Cisco — construíram um mercado para as cidades, como uma comunidade escalável, com conhecimento por meio da redução, padronização e simplificação de problemas urbanos e venda de seu *software* e *hardware* proprietários e serviços de consultoria. Os governos municipais se tornaram atores-chave no avanço do paradigma da cidade inteligente, numa retórica de benefícios para toda a cidade, mas orientados para atrair empresas transnacionais numa economia globalizada (Townsend, 2013).

Há esforços para integrar a tese da cidade inteligente uma concepção mais ampla, em que as aplicações da tecnologia em infraestruturas e serviços urbanos para alcançar os resultados desejados nas dimensões econômica, social e ambiental constituem um aspecto da conceptualização ampla de uma cidade inteligente, incluindo também produtividade, sustentabilidade, bem-estar, habitabilidade e governança, enquanto a tecnologia é um dos principais impulsionadores. Além disso, é preciso considerar o esforço para conectar as estruturas da cidade inteligente e da cidade sustentável, isto é, embora as medições do desempenho da cidade inteligente se concentrem na eficiência das soluções inteligentes, devem também incluir objetivos finais de sustentabilidade ambiental, econômica e social.

Uma definição mais ampla proporciona uma visão abrangente da governança urbana envolvendo mais dimensões. Uma definição abrangente de cidade inteligente inclui mais aspectos, como economia, governança, meio ambiente, logística, energia, transporte, turismo, cuidados médicos, proteção ambiental, indústria, habitação, governo, segurança, gestão hídrica e planejamento inteligentes (Sun, 2020). Do ponto de vista do crescimento econômico, as cidades inteligentes se referem a regiões ou cidades que reconheceram a importância de realizar a economia de banda larga e tomar conscientemente medidas que podem criar um desenvolvimento econômico vigoroso. Do ponto de vista dos recursos e do meio ambiente, cidades inteligentes referem-se a cidades mais eficientes, sustentáveis, justas e habitáveis. Do ponto de vista da infraestrutura, cidade inteligente refere-se a uma cidade que utiliza tecnologia de computação inteligente para tornar a infraestrutura urbana mais inteligente, interconectada e eficaz. Do ponto de vista da governança urbana, cidade inteligente refere-se a uma cidade onde os cidadãos tomam decisões independentes, conscientes e próprias, e várias partes interessadas agem de forma inteligente e eficiente de uma forma inovadora e voltada para o futuro de gestão em termos de economia, mão de obra, supervisão, transporte, meio ambiente e vida. Ele fornece aos cidadãos serviços avançados, centrados no usuário e criados pelo usuário. Do ponto de vista de uma sociocultura, uma cidade inteligente é uma cidade que pode produzir inspiração e partilhar cultura, conhecimento e vida, uma cidade que promove a prosperidade da vida dos residentes, uma cidade desejável e um espaço autônomo cheio de conhecimento (Sun, 2011).

Na construção de uma cidade inteligente, todas as partes da cidade são integradas em um ecossistema urbano inovador baseado na tecnologia da informação, em que processos meticulosamente desenhados e formatos padronizados são adotados entre vários departamentos governamentais e entre o governo e outros sujeitos de governança. A ampla aplicação da tecnologia de informação e comunicação pode reduzir o custo e a fragmentação da oferta de serviços públicos, com mais precisão sobre o atendimento de cada cidadão. Assim, as cidades inteligentes podem fornecer serviços personalizados para cidadãos com necessidades diversas de forma mais eficiente (Xian, 2013).

Nos últimos anos, os decisores políticos em todo o mundo têm prestado atenção às cidades inteligentes, visando melhorar a eficiência das infraestruturas, serviços públicos, bem como criar um ambiente mais sustentável e habitável para os cidadãos. Cidade inteligente trata de uma noção ampla, mas abarca a integração de tecnologias avançadas de informação e comunicação com infraestruturas e instalações físicas da cidade para resolver problemas sociais, econômicos e ambientais (Townsend, 2013).

Nos prêmios internacionais de cidades inteligentes, é comum que, entre as cidades consideradas mais inteligentes do mundo, estejam cidades dos Estados Unidos e Canadá, como Nova York, Toronto, São Francisco, Portland, Washington, Denver, Montreal; na Europa, cidades como Londres, Zurique, Oslo, Helsinque, Genebra,

Amsterdã, Copenhagen, Bilbao, Milão, Paris, Berlim, Dusseldorf, Barcelona, Tallin e Moscou. No Oriente Médio, Abu Dhabi e Dubai. Na Ásia, Singapura, Pequim, Seul, Tóquio, Xangai, Shenzhen, Hong Kong, Camberra, Bangalore, Izmir, Sydnei. Na África, Joanesburgo, Nairóbi, Windhoek, Lagos, Adis Abeba, Cairo, Durban, Cidade do Cabo. Na América Latina, Santigo, Buenos Aires, Cidade do México, Medellin, Bogotá, Lima, Quito, São Paulo, Brasília e Curitiba.

Europa, América do Norte, Japão e Coreia do Sul têm liderado regiões no desenvolvimento de cidades inteligentes, mas a China, um retardatário, está se recuperando e lidera em termos de número de cidades inteligentes. Na última década, tem surgido um movimento de cidades inteligentes em toda a China, acompanhando a tendência internacional, mas a uma velocidade mais rápida e com novas características. Em diversos aspectos, a China está na vanguarda do desenvolvimento e da implementação do conceito e está a liderar o mundo. Porém, no que diferem as cidades inteligentes na China de outros países? Elas realizam um novo modelo de urbanização e governança?

Para compreender uma diferença significativa do contexto chinês, é importante destacar que, de 1949 até nossos dias, a China manteve a natureza sistemática e continuada do planejamento e a capacidade de fazer políticas efetivas de seu Estado nacional. A sistemática chinesa de formulação e implementação de planos quinquenais confere ao seu planejamento, em termos gerais ou setoriais, grande eficácia. A cultura de planejamento de longo prazo já está estabelecida e é uma rotina para todos os órgãos de governo. Seu sistema político centralizado garante que há continuidade nas ações e os novos planos dão sequência aos anteriores, sem as rupturas que comumente ocorrem nas "democracias ocidentais". Isto é, a implementação dos programas é favorecida pelo grau de comando e controle que o Estado chinês tem sobre muitos dos atores envolvidos, que em grande parte dependem diretamente do governo (empresas estatais, institutos federais de pesquisa etc.) ou estão sujeitos a regras bem rígidas (Marcelino, 2023b).

O principal fio condutor na história da China desde 1949 é a persistente estrutura institucional Partido/Estado, com toda sua centralidade, ora contestada, ora reforçada, e seus efeitos amplos e profundos, ideológicos, políticos e econômicos, na vida chinesa. O enraizamento do partido está em cada província, cada cidade, escola, asilo, vilarejo, comandos por bairro etc. — hoje até nas grandes empresas. O sistema de governança nacional sob a liderança do Partido Comunista da China é o resultado do desenvolvimento de longo prazo, da melhoria gradual e da evolução endógena com base na herança histórica, nas tradições culturais e no desenvolvimento econômico e social da China. O conceito de aperfeiçoamento integra a expectativa entre as gerações. O Partido, com cerca de 80 milhões de pessoas, é singular em tamanho e sua forma de organização, com capacidades de governança incomparáveis aos sistemas ocidentais, tendo vantagens significativas que outros partidos políticos não têm (Marcelino, 2023b).

Mesmo os observadores mais exigentes têm que admitir que, sob a liderança do Partido Comunista da China, a força nacional abrangente da China tem sido continuamente aprimorada, os padrões de vida das pessoas têm melhorado continuamente e a harmonia e estabilidade sociais foram alcançadas enquanto se continua a promover grandes reformas. A garantia da estabilidade política é o sustentáculo de um projeto de longo prazo. O país com sistema único fortalece o comando e as funções de controle do executivo. Assim, é possível coordenar ações externas, províncias, setores industriais, empresas etc. atingindo um grau de coordenação estatal completamente impossível em qualquer país ocidental.

No início do período de reforma e da abertura, Deng Xiaoping disse uma vez: "Nosso sistema será aperfeiçoado dia a dia. Ele vai absorver os fatores progressivos que podemos absorver de todos os países do mundo e se tornar o melhor sistema do mundo" (Chen, 2020). O Partido Comunista da China pratica o centralismo democrático, tem um sistema organizacional e disciplina rígidos, cobrindo todos os departamentos e campos e alcançando o nível de base. Ao contrário dos partidos ocidentais, que são relativamente frouxos, sem base de mobilização popular real, com divisão de poderes e governos, muitas vezes em conflito permanente, o Partido Comunista da China é capaz de unificar pensamentos e ações, com forte capilaridade social e capacidade organizacional, alta eficiência no planejamento e na execução, podendo realizar tarefas importantes e responder efetivamente aos principais desafios nacionais. Ele absorve grande maioria dos membros proeminentes da sociedade chinesa para se tornarem membros do partido, mas também tem talentos notáveis de todas as esferas da vida, o que é incomparável a qualquer outra organização política. É verdade que a China costuma ser alvo de críticas por concentrar o poder no Partido Comunista, mas as vantagens de tal sistema político são evidentes. E isso se mostra na emergência das cidades inteligentes nos últimos anos.

Devido ao sistema político socialista, a urbanização chinesa tem diversas vantagens em comparação com outros países. Conta com soberania e estabilidade política, controle estrito da imigração externa e interna, altos índices de seguridade pública em todo o país, grande capacidade de planejamento, coordenação e execução nas diversas instâncias de governo, empresas e universidades, intensa industrialização com tecnologias de ponta, instituições territoriais fortes e capilarizadas em todo o tecido social. Tudo isso está produzindo nas últimas décadas um outro tipo de urbanização.

Nesse cenário, a urbanização foi relativamente controlada, pois foi criado um sistema para administrar a migração em massa de pessoas do campo para as cidades, para garantir que o movimento de pessoas estivesse alinhado com as necessidades de planejamento nacional de um país tão populoso. Embora a China tenha tido algum tipo de restrição à migração por mais de 2 mil anos, no final da década de 1950, o país estabeleceu um novo "sistema de registro familiar" para regular a migração rural para urbana. Cada chinês tem um *status* de *hukou* urbano ou rural que lhe concede acesso a benefícios sociais (moradia pública subsidiada, educação, assistência médica, pensão e seguro-desemprego etc.) em sua cidade natal, mas que são restritos nas cidades para onde se mude para trabalhar.

Entretanto, como se prevê pela dimensão do processo, o aumento da urbanização não trouxe apenas aspectos positivos. Entre os efeitos negativos, destacam-se aumento rápido na poluição, uso intenso de energia, emissões de dióxido de carbono, escassez de água, dificuldade no abastecimento alimentício, aumento na desigualdade de rendimentos, questões que a China enfrenta hoje como resultado da urbanização. A estrutura da escala urbana está desequilibrada entre as cidades pequenas, médias e grandes. A China está sofrendo de "doenças urbanas" devido à rápida expansão da escala urbana causada pelo carregamento de funções excessivas e indústrias altamente aglomeradas. Cidades de médio porte e cidades pequenas carecem de potencial de desenvolvimento econômico e social devido ao atraso no desenvolvimento de infraestruturas e serviços públicos, insuficiência de apoio industrial e menos empregos. Em junho de 2016, o número de novas cidades e novos zonas de desenvolvimento eram mais de 3.500 em nível de condado ou acima, levando ao uso homogeneizado da terra e a crescentes "cidades vazias", "cidades adormecidas" e "fantasmas".

Entrementes, em linhas gerais, a urbanização na China repercute em outras regiões não desenvolvidas e contribui para a prosperidade econômica global. O argumento é que a urbanização acelerada na China levou a um maior desenvolvimento econômico e diminuição da disparidade de renda (Xuemei, 2012). Para lidar com os problemas emergentes da rápida urbanização, a China passou a adotar a política de cidades inteligentes, incluindo digitalização, segurança, sustentabilidade, melhoria de serviços públicos, habitação popular e transporte ágil. Assim, a política nacional tem sido o principal motivo para o desenvolvimento de cidades inteligentes.

O movimento das cidades inteligentes na China foi institucionalizado numa estratégia nacional por várias políticas do governo central de cima para baixo, em 2012, 2014 e 2017.

Em 2012, o Ministério da Habitação e Desenvolvimento Urbano-Rural (Mohurd) divulgou um *aviso sobre a condução de cidades-piloto nacionais inteligentes*, em que se definiu a cidade inteligente como um novo modelo de fortalecimento do planejamento, construção e gestão urbana por meio da utilização abrangente da ciência e tecnologia modernas para integrar recursos de informação e coordenar sistemas de governo, sendo considerado como uma medida fundamental para alcançar os objetivos nacionais de desenvolvimento impulsionado pela inovação e uma sociedade abrangente e abastada. Esse aviso anexou um conjunto de indicadores-piloto para cidades inteligentes, compreendendo quatro dimensões principais: sistema e infraestrutura de apoio, construção e habitabilidade inteligentes, gestão e serviços inteligentes e indústria e economia inteligentes. Para se candidatarem como "cidades-inteligentes-piloto nacionais", os governos municipais deviam ter um plano de desenvolvimento econômico e social que incorporasse a cidade inteligente, um esboço completo de desenvolvimento de cidade inteligente e uma fonte de financiamento segura. Três grupos de programas-piloto de cidades inteligentes foram anunciados em 2013-2015, totalizando 277 projetos.

Em 2014, o Conselho de Estado lançou a *Estratégia nacional de urbanização de novo tipo (2014-2020)*, o primeiro plano urbano nacional da China, para reorientar o seu processo de urbanização num momento crítico das suas transformações econômicas e urbanas. Esse plano contém uma seção sobre a cidade inteligente, delineando dimensões de construção em redes digitais, gestão de planejamento, infraestrutura urbana, serviços públicos, indústria de alta tecnologia e governança social. No seu relatório *Garantir uma vitória decisiva na construção de uma sociedade moderadamente próspera em todos os aspectos e esforçar-se pelo grande sucesso do socialismo com características chinesas para uma nova era*, de 2017, o presidente chinês Xi Jinping usou o termo "sociedade inteligente" em sua elaboração sobre "tornar a China um país de inovadores". O conceito de sociedade inteligente representa uma expansão conceptual e, portanto, uma aspiração mais ambiciosa do que a cidade inteligente, como estratégia nacional. Na propaganda oficial, "a sociedade inteligente" é descrita como uma inovação teórica, uma versão chinesa desenvolvida da "cidade inteligente" e uma nova forma de desenvolvimento da China numa "nova era". A transformação da China numa sociedade urbana da economia do conhecimento impulsionou os objetivos de uma nação inovadora e de um novo tipo de urbanização com sustentabilidade, e mesmo de uma chamada "civilização ecológica", para mudar o rápido desenvolvimento da nação do crescimento quantitativo para o crescimento qualitativo. Vê-se que, assim, cidade inteligente, um conceito importado, revelou-se adequada à linha política marcada pela inovação, pela sustentabilidade e pela economia do conhecimento (Lao, 2021).

Em 2016, a Consultoria Deloitte estimou que havia mais de mil projetos de cidades inteligentes em todo o mundo, e metade deles estava na China. Esses números são indicativos da expansão das cidades inteligentes — reivindicadas, planejadas ou em construção —, uma vez que os números reais e precisos são difíceis de coletar, dependendo de como o conceito é definido e quais critérios são usados para rotular uma cidade inteligente. Também é relatado que mais de 700 cidades chinesas propuseram ou alegaram construir cidades inteligentes em relatórios governamentais ou estratégias de desenvolvimento a partir de 2019 (Sun, 2020).

A China identificou as cidades inteligentes como prioridade nacional, num investimento robusto e continuado na integração de tecnologias nos espaços urbanos, testando centenas de projetos-piloto em diversas cidades, contando hoje com o maior número de projetos desse tipo no mundo. Porém, apesar de existirem projetos em diferentes áreas, como governança, gestão hídrica, transporte e comunicação, a noção chinesa de *smart city* é, em primeiro lugar, de "*smart safe city*", com ênfase na segurança como base da estabilidade social e do desenvolvimento urbano. Nisso existe grande diferença com os projetos ocidentais. Outras experiências com cidades inteligentes chinesas têm sua singularidade por uma noção de *smart city* como *smart eco-safe city*, isto é, uma cidade inteligente é baseada em segurança, indústrias inteligentes, sustentável e desenvolvimento justo, com tecnologias que tornem as cidades organismos vivos e racionais, capazes de conduzir sua própria evolução. Os chineses entendem que, para ser uma cidade habitável, deve-se começar com uma cidade segura. A penetração da tecnologia da informação em sensores e em todos os tipos de objetos físicos, como medidores inteligentes, painéis solares em edifícios e dispositivos pessoais como smartphones, combinada com algoritmos criados pela inteligência artificial capazes de mostrar padrões nos dados, tem o potencial de transformar as cidades em ambientes seguros, muito mais habitável do que cidades inseguras. As tecnologias de reconhecimento facial, Big Data e inteligência artificial contribuem para que a China seja considerada um dos países com menor índice de crimes do mundo e com taxa de homicídio baixíssima. As câmeras já conseguem identificar perfis com base em imagens, caracterizá-los, identificar o caminho percorrido pela pessoa na área coberta por câmeras e responder imediatamente se a pessoa é procurada a partir de um cruzamento com uma lista de pessoas procuradas. Com esses dados, é possível aprimorar absurdamente a investigação ao permitir o cruzamento de informação de perfis que transitaram no local, com o padrão temporal e local de crime e levantar possíveis suspeitos e mesmo ter a imagem do crime sendo cometido.

Outra coisa que distingue as cidades chinesa é *a ausência de grandes favelas ou carência de moradia generalizada, tão comum no resto do mundo.* Com a aceleração da urbanização nos anos 2000, o governo chinês passou a promover a transformação em larga escala das áreas antigas das cidades, com foco na reforma de bairros historicamente deteriorados e na remoção de habitações perigosas. Entre 2008 e 2012, 12,6 milhões de residências em vilas urbanas foram reconstruídas em todo o país. Ao mesmo tempo, foram feitos esforços para construir moradias públicas de aluguel ou de baixa renda. Por exemplo, hoje em Xangai, famílias de três ou mais pessoas com renda mensal inferior a 4.200 yuans por pessoa podem se candidatar a moradias de baixo custo, sendo o aluguel mensal de apenas algumas centenas de yuans (ou cinco por cento da renda familiar mensal). Em 2022, o governo central anunciou a construção de 6,5 milhões de unidades habitacionais de aluguel de baixo custo em 40 cidades, representando 26% da oferta total de novas moradias no 14º Plano Quinquenal (2021-2025).

Outra frente das cidades inteligentes chinesas são soluções para aprimorar o trânsito. Lá os acidentes de trânsito são assunto de segurança pública. Os sinais de trânsito podem ser regulados automaticamente de acordo com o fluxo de carros em cada via. Na cidade de Hangzhou, por meio da análise do padrão da direção do carro, é possível detectar barbeiragens de motoristas, como cruzar três faixas em 100 metros para pegar uma saída ou fazer ultrapassagens arriscadas. As câmeras têm precisão para identificar motoristas dentro dos carros, o que permite identificar quem está sem cinto, falando ao celular ou dirigindo sem carteira. As multas são aplicadas por padrões de direção identificados pelo computador e cada motorista tem um escore baseado no seu padrão de direção, que permite inferir se a pessoa está apta a renovar a carteira, por exemplo.

No contexto chinês, a definição oficial de cidade inteligente pelo governo central está encapsulada no Índice de Avaliação do Novo Tipo de Cidade Inteligente. Esse índice define uma cidade inteligente como um centro urbano inovador que aproveita a tecnologia de informação e comunicação para integrar perfeitamente diversos sistemas de gestão urbana, promover a partilha de recursos de informação e a sinergia empresarial, promover a gestão e serviços urbanos inteligentes, melhorar os serviços públicos e as operações urbanas, aumentar a felicidade e contentamento dos residentes da cidade e alcançar o desenvolvimento sustentável. Na China atual, o sistema de avaliação de cidades inteligentes consiste num conjunto de indicadores de avaliação científicos e sistemáticos que permitem o cálculo quantitativo e a avaliação científica dos resultados da construção de cidades inteligentes (Wei, 2019; Zong, 2018). A inovação e o desenvolvimento urbano são processos complexos e dinâmicos que requerem planejamento a longo prazo em vez de intervenções a curto prazo.

2

PLANEJAMENTO E INOVAÇÃO URBANA COM CARACTERÍSTICAS CHINESAS

A China é uma civilização milenar formada inicialmente em cidades-Estado às margens dos grandes rios, onde a água estava facilmente disponível para irrigar os campos agrícolas e alcançar a produção. Por volta de 3000 a.C., já havia comunidades agrícolas no território chinês. Esses grupos desenvolveram suas sociedades nas proximidades dos rios Huang-Ho, popularmente conhecido como **Rio Amarelo**, e Yang-tsé, conhecido como **Rio Azul** — lógica de ocupação que segue até os dias atuais.

As cidades da Dinastia Shang (1600 a.C.-1046 a.C.) foram os primeiros assentamentos urbanos historicamente documentados na China. A Dinastia Shang foi a primeira dinastia chinesa a deixar registros escritos, e a ideia e a função das cidades assumiram uma importância elevada. Nesse período, 26 cidades foram desenvolvidas ao longo do rio Weihe, sendo "complexos palácio-templo-cemité-rio" que funcionavam como centros administrativos, econômicos e religiosos do governo. Essas cidades foram construídas dentro de muralhas, que forneciam defesa. Mais tarde, as cidades muradas foram capitais de condados (*hsien*) e provinciais (Liu, 2024). Assim, a civilização urbana se espalhou rapidamente. No período entre 722 a.C. e 481 a.C. havia pelo menos 210 cidades e várias cidades-Estado rivais. Algumas delas eram bastante grandes e bem organizadas numa hierarquia urbana e política, incluindo capitais nacionais, provinciais e distritais. À medida que a China foi unificada sob o reinado de Qin (221 a.C.) e o império resultante foi expandido sob o reinado de Han (206 a.C. a 220 d.C.), a estrutura hierárquica dos centros urbanos, o planejamento urbano e as redes administrativas e de transporte entre os centros populacionais foram cuidadosamente desenvolvidas (Zhuoyongi, 2008; Lee, 2002).

O escrito antigo clássico "Zhōu lǐ (周礼)" 'Kaogong ji (考工記)' (Ritos de Zhou, Livro de Artesanatos Diversos) menciona o modelo ideal de uma capital chinesa. Provavelmente escrito durante o período final da dinastia Han Ocidental (206 a.C.-8 d.C.) até o início da dinastia Han Oriental (25-220 d.C.), "Zhōu lǐ" descreve o modelo fundamental da cidade chinesa ideal: construídas em um terreno quadrado com quatro arestas de 3.742,2 metros, e cada lado da muralha da cidade seria criado com três portões da cidade, uma grelha de 9 por 9 seria usada para dividir e zonear o terreno hierarquicamente para diferentes fins, as ruas teriam certas larguras, o palácio real voltado para o sul seria colocado no centro da cidade com um templo ancestral a oeste e um templo do solo e dos grãos a leste, ao sul do palácio real seria uma praça onde os imperadores se reuniam com seus oficiais administrativos, enquanto um mercado estaria localizado ao norte do palácio (Fu; Cao, 2019). O texto se tornou uma das literaturas confucionistas mais essenciais como o modelo urbano defendido por governadores. Outros confucionistas propuseram planos de diversas maneiras. Muitos governantes e os seus arquitetos tentaram construir a cidade ideal como forma de expressar a sua legitimidade. O plano quadriculado das cidades foi assim desenvolvido e utilizado para gerir a ordem confucionista nos séculos seguintes e finalmente tornou-se a abordagem mais típica do planejamento urbano tradicional na China, especialmente nesses centros políticos (Fu, 2001; Stenhardt, 1999).

A China também experimentou importantes mudanças no sistema urbano durante o "Século das Humilhações", entre 1840 e 1949. Neste período, o mundo ocidental exerceu grande influência nas atividades políticas e econômicas chinesas, o que ocasionou a realocação de indústrias próximas às grandes cidades, principalmente nas áreas costeiras e ribeirinhas. Essas cidades cresceram muito mais rapidamente do que outras cidades localizadas em toda a China. Neste momento, 76,2% das cidades da China existiam em zonas costeiras. Após a invasão japonesa na Segunda Guerra Mundial e a guerra civil, apenas 10,6% da população vivia nas cidades na proclamação da República Popular da China em 1949 (Xian, 2013).

Em 1949, o Partido Comunista assumiu o poder e instaurou a República Popular. Em 1952, a China lançou o primeiro plano quinquenal (1953-1957), que visava construir projetos-chaves, promovendo a urbanização da China. Muitos camponeses migraram para vilas, cidades e áreas industriais e mineiras em busca de emprego. Sob influência soviética, as cidades foram concebidas como cidades de produção, nas quais o consumo foi minimizado para que o investimento no desenvolvimento industrial pudesse ser maximizado. O espaço habitacional foi minimizado com espaços públicos utilizados para cozinhas, cantinas, lavagens e limpeza de roupas (Zhao, 2007). Com o Grande Salto Adiante, no final da década de 1950, houve a mobilização massiva da população camponesa para a industrialização local com uso intensivo de mão de obra, resultando na criação da noite para o dia de milhares de centros comunitários. Cada um abrigava dezenas de milhares de pessoas. Porém, num contexto de isolamento internacional, o foco em desenvolver a indústria desestabilizou as cadeias produtivas do país, criando escassez de recursos. Com o fim do Grande Salto Adiante, a prioridade passou ser a promoção de indústrias leves, reduzindo o número de trabalhadores das empresas estatais e o tamanho da população urbana por meio do sistema de registro *Hukou*. Como resultado, o processo de urbanização foi interrompido. Naughton (2007) destaca que no período havia receio de uma invasão tanto da União Soviética quanto dos Estados Unidos, e grandes indústrias foram instaladas em pequenas e médias cidades de forma espalhada para que elas não fossem rapidamente apropriadas em caso de conflito, enfraquecendo assim o processo de urbanização. No final de 1965, a população urbana foi reduzida em 14% e o número de cidades foi para 169, sete a menos que em 1957. Em 1966, o governo central lançou a Revolução Cultural. Milhares de lideranças políticas, professores e estudantes foram transferidos das cidades para o campo, levando a um movimento de antiurbanização. Em 1976, a urbanização era de 18% da população, o mesmo que em 1965 (Qiu, 2022).

No período em que Mao Tsé-Tung esteve no poder (1949-1976), destacou-se uma industrialização pesada sem um processo de urbanização intenso. A indústria atingiu uma participação no PIB de 48% em 1978 (ante 21% em 1949) com a indústria pesada representando 57% dela. Ao mesmo tempo, a grande maioria dos trabalhadores, 71% do total, ainda estava empregada no setor agrícola. Foi no final da década de 1970 e início da década de 1980 que a urbanização foi impulsionada pelas reformas lideradas por Deng Xiaoping.

Pela primeira vez na história, a China experimentou uma urbanização rápida e sem precedentes a partir de 1978, sendo considerado como o maior fluxo mundial de população de áreas rurais para urbanas na história. Isso num processo em que o PIB chinês cresceu em média 9,7%, entre 1978 e 2009, o PIB *per capita* cresceu a uma média anual de 8,5%, e a população em pobreza absoluta decresceu de 75% em 1980 para 12,49% em 2001 (Aglietta; Bai, 2013). O dinamismo mais recente da economia chinesa esteve associado principalmente ao processo de urbanização e ao conjunto de transformações relacionadas às modificações de uma sociedade que, no início das reformas iniciadas em 1978, tinha uma taxa de urbanização inferior a 20% (cerca de 171 milhões de cidadãos) e que chegou a 55% em 2015 (Hiratuka, 2018). Em 2022, já eram 910 milhões de pessoas vivendo em cidades, com taxa de urbanização beirando 65%. São quase 740 milhões de novos cidadãos urbanizados neste período (1978-2022), cem cidades com mais de 1 milhão de habitantes — o Brasil tem 17 — e 16 megacidades — no Brasil apenas São Paulo tem mais de 10 milhões de habitantes. A título de exemplificação: Chongqing tem mais de 33 milhões; Xangai, quase 25 milhões; Pequim, 22 milhões; e Chengdu, 20 milhões. Somente seis países da União Europeia tem população maior do que Chongqing. Existem na China hoje seis cidades com uma população de mais de 10 milhões e mais de 20 cidades com uma população de mais de 5 milhões.

2.1 Reformas e urbanização

A adoção da estratégia de reforma e abertura acelerou a urbanização da China. Entre 1978 e 2021, o número de pessoas que vivem nas cidades passou de 172 para 914 milhões, e a taxa de urbanização aumentou de 17,9 para 64,7%. Como resultado, a China tem apoiado a inovação urbana com um investimento cada vez maior ao longo das últimas quatro décadas. Nas últimas décadas, o plano de desenvolvimento urbano inovou, melhorou e construiu continuamente um sistema de planejamento de "três níveis e três categorias" (níveis nacional, provincial, municipal e distrital, planejamento diretor quinquenal, planejamento especial quinquenal e planejamento regional).

Os chineses deixaram de acreditar que o planejamento econômico centralizado seria capaz de resolver todos os problemas da transição socialista. Para superar a condição de ser um país industrialmente atrasado, seria preciso combinar a ação do mercado com a orientação científica, econômica, social e política do Estado, criar um plano ousado e realista para desenvolver as ciências, as tecnologias e as indústrias como carros chefes do processo geral de desenvolvimento econômico e social. A orientação passou a ser a elevação constante da produtividade, tanto na indústria como na agricultura, bem como a elevação do padrão de vida e da capacitação da população trabalhadora. Esta orientação passou a ser realizada por planos (anuais, quinquenais, de 15 anos ou mais longo prazo), com participação concorrencial das empresas estatais, empresas agroindustriais cooperadas, capitais externos e privados, além de novas formações mistas entre as empresas para planos específicos. O importante era garantir as condições para o desenvolvimento das diversas formas produtivas e evitar a monopolização. Cada setor deve ter concorrentes entre si, evitando a burocratização, elevando o padrão tecnológico e rebaixando os preços. A urbanização das cidades costeiras se fez nesse ritmo de inovações, integrando massas do campo gradualmente, não gerando a perda do controle sobre o território. Foram incentivados projetos financiados pelos bancos estatais, diversificando a produção industrial e cadeia de serviços, suprindo necessidades sociais crescentes.

As principais reformas urbanas no contexto do socialismo de mercado chinês a partir de 1978 são: 1) descoletivização da agricultura; 2) a abertura do país ao investimento estrangeiro e capital privado; e 3) utilização das terras agrícolas para urbanização.

Durante o período maoísta, toda a produção agrícola era adquirida pelo governo a preços baixos, não existindo a possibilidade da venda dos excedentes. Em 1978, o governo passou a estipular metas de produção que seriam adquiridos a preços fixados. Todo excedente produtivo permaneceria com a comuna, que poderia comercializá-lo a preços de mercado. Dessa maneira, o setor agrícola foi estimulado a aumentar sua produtividade. O conjunto de produção agrícola da China apresentou grande crescimento e a pressão pela produção de alimentos foi reduzida, fazendo com que grande número de trabalhadores rurais pudesse ingressar em indústrias não agrícolas.

A política de abertura também incentivou um grande montante de investimento governamental na região costeira ao lançar novas zonas de desenvolvimento econômico e parques de alta tecnologia. As "áreas industrializadas" foram desenvolvidas principalmente nas zonas costeiras, em Shenzhen, Zhuhai e Shantou, na província de Guangdong, Xiamen, na província de Fujian, em 1979, e 14 cidades costeiras — Dalian, Qinhuangdao, Tianjin, Yantai, Qingdao, Lianyungang, Nantong, Xangai, Ningbo, Wenzhou, Fuzhou, Guangzhou, Zhanjiang e Beihai — foram abertas ao investimento estrangeiro em 1984. Em 1985, o governo central decidiu expandir as zonas costeiras abertas, alargando as zonas econômicas abertas ao Delta do Rio Yangtze e ao Delta do Rio das Pérolas e toda a província de Hainan em 1988. A industrialização liderada pela exportação foi fundamental, tornando a região costeira mais uma vez o centro de crescimento do desenvolvimento urbano. Com a abertura econômica, abriram sua economia de forma calculada e gradual, apresentando como atração o baixo custo relativo de mão de obra, a boa infraestrutura de energia, transporte e comunicação, orientação no processo de investimentos e a estabilidade social e política. Aproveitando o capital externo para criar e adensar suas cadeias produtivas, condicionaram os investimentos à associação com empresas chinesas, a transferência de novas e altas tecnologias e a participação no comércio internacional. Com a criação das zonas econômicas especiais, se estabeleceu um projeto de longo prazo visando à captação de tecnologias das grandes potências, pois investimentos eram admitidos apenas com o estabelecimento de *joint ventures* com empresas chinesas e transferência a elas de novas e/ou altas tecnologias (Marcelino, 2023a).

Do ponto de vista institucional, um dos elementos mais importantes das reformas na China foi a introdução de um sistema de terras e de um mercado de terras (Lin, 2011). Nela, o governo central permitiu que os municípios arrendassem as propriedades rurais em contratos de longo prazo para que fossem desenvolvidas. Para promover o desenvolvimento urbano, o Estado realiza chamadas públicas, leilões e concessões para a transmissão de posse dos terrenos, que podem durar entre 40 e 70 anos dependendo do seu uso. Os leilões de terra são essenciais para as finanças públicas municipais, que somam cerca de 30% da receita dos governos municipais (Kamal-Chaoui; Leeman; Rufei, 2009). Isso deu origem a um sistema duplo desde os anos de 1980, no qual a terra urbana é propriedade do Estado e a terra rural é de propriedade coletiva. A terra urbana permanece como propriedade do Estado ainda hoje, mas os direitos de uso podem ser concedidos ou alugados para fins comerciais. A propriedade da terra e os direitos de uso foram separados. As municipalidades e os condados tornaram-se responsáveis pela alocação e a expropriação da terra em benefício de diferentes usuários. Além disso, o arrendamento tornou-se uma grande fonte de receita para os municípios para que houvesse a possibilidade de investimento na infraestrutura local (Kamal-Chaoui; Leeman; Rufei, 2009).

A motivação financeira dos governos locais foi a força que dirigiu a acumulação baseada na terra. Nesse conjunto de transformações, o papel que a terra passa a cumprir na acumulação chinesa precisa ser particularmente ressaltado, sobretudo seu processo de capitalização, o qual tem ocorrido em três sentidos: (i) taxas de transferência da terra são coletadas pelos governos municipais para financiar o desenvolvimento, o aperfeiçoamento e a manutenção do ambiente urbano construído de modo a atrair investimento estrangeiro e aumentar a base de impostos; (ii) as terras pertencentes ao Estado são alugadas pelos governos municipais para fins industriais, comerciais, mercado imobiliário; e (iii) a terra urbana tem sido empregada como forma de obter empréstimos bancários e mobilizar o capital necessário para promover melhorias e expandir o ambiente urbano construído. Portanto, a terra na China urbana contemporânea é usada como um ativo crucial para servir ao incremento da urbanização e à acumulação de capital local (Lin, 2011).

Nesse contexto, o governo central descentralizou os poderes e as responsabilidades sobre investimento e sobre o desenvolvimento econômico, favorecendo os governos provinciais e municipais. Apesar do sistema centralizado de governo para uma série de políticas, a gestão territorial segue um modelo em "pirâmide", em que, com base no capital, são determinados padrões de planejamento que devem ser seguidos em todo país. Regiões e municípios têm o dever de elaborar seus próprios planos, mais detalhados. No entanto, diferente do Brasil, em que um município tem autonomia para aprovar o seu plano diretor, na China os planos devem ser sempre aprovados pela instância superior: o *xiangxi guihua*, ou Plano Detalhado, e o *zongti guihua*, ou Plano Geral, devem ser aprovados pela instância regional, e os planos regionais devem ser atualizados quando há mudanças nas recomendações em nível federal. O efeito em cascata também ocorre para questões como quanto da área será urbanizada em cada ano, pois o Ministério de Terra e Recursos Naturais define o total de área que pode ser urbanizado em cada província e, em seguida, a província aloca essa área entre as suas cidades. Além disso, são os municípios que decidem sobre a venda das posses, sobre o desenvolvimento de infraestrutura e a emissão de licenças de construção, e o governo central interfere no mercado imobiliário por meio de condições de financiamento e no planejamento macroeconômico (Qiu, 2022).

A urbanização chinesa está diretamente ligada ao processo de industrialização. Um dos diferenciais do desenvolvimento chinês é a vantagem que as suas empresas têm por ter uma conexão íntima entre elas por meio da lógica econômica dos distritos industriais ou "clusterização" da urbanização. *Clusters* se espalham ao longo do Delta do Rio das Pérolas, região que engloba Hong Kong, Macau e a província de Guangdong. Os *clusters* de cidades tornaram-se as áreas-chave estratégicas para a China a fim de promover a urbanização e o desenvolvimento econômico regional, chegando a uma série de aglomerações urbanas que incluem cidades centrais e vários agrupamentos de cidades dentro das províncias para promover o desenvolvimento de aglomerados de cidades.

Uma importante política nacional para melhorar o desenvolvimento urbano foi o programa Torch, baseado na criação de zonas de desenvolvimento de indústrias de alta tecnologia de nível nacional (*high-tech industry zones* — HTIDZ). A partir do programa, a primeira zona econômica especial (ZEE) foi criada em julho de 1985 na cidade de Shenzhen, o Shenzhen High-Tech Industrial Park. Posteriormente, em maio de 1988, o Conselho Nacional de Ciência e Tecnologia aprovou a política que estabeleceu a primeira HTIDZ nacional, o Zhongguancun Science and Technology Park. Hoje são 170 zonas de alta tecnologia da China. Alguns exemplos desses polos são o Parque Científico de Zhongguancun, dedicado à tecnologia da informação de nova geração, os laboratórios nacionais para optoeletrônica, de Wuhan, o Parque de Alta Tecnologia de Zhangjiang, em Xangai, e o parque científico Henghua Science Park na cidade de Wuxi (Artigas, 2017; Dong, 2021).

Zhongguancun (ZGC) é considerado o Vale do Silício da China (Yu, 2018). O parque começou a tomar forma por volta de 1950, quando o governo chinês e o governo municipal de Pequim realocaram ou estabeleceram instituições de P&D e universidades nessa área (Chen, 2008). A partir de 1978, os engenheiros e cientistas chineses começaram os empreendimentos no local, seguindo a diretriz dada pelo líder Deng Xiaoping. Em 1988, o conselho do Estado aprovou a criação da Zona Experimental de Pequim para Novas

Tecnologias e Desenvolvimento Industrial, que posteriormente, veio a ser chamado de Zhongguancun Science Park. Por fim, em 2009, Zhongguancun foi estrategicamente posicionada pelo conselho do Estado como a primeira Zona Nacional de Demonstração de Inovação da China (Yu, 2018). Atualmente, a sua área ocupa 88 km² (Yu, 2018) com 16 subparques científicos e tecnológicos na grande Pequim. Nele operam cerca de 18 mil empresas, incluindo mais de 1.500 empresas estrangeiras. Outras cidades, como Nanjing, evoluíram com a construção de parques e zonas com o desenvolvimento de cidades universitárias. Foram criadas três cidades universitárias em três distritos da cidade, Jiangning, Pukou e Qixia (Guo, 2015). Isso resultou em áreas de alta tecnologia e campos acadêmicos que culminaram no desenvolvimento de um polo de inovação com uma economia baseada no conhecimento.

A urbanização chinesa recente tem sido acompanhada pelo rápido crescimento das TICs, incluindo tecnologias digitais como computação em nuvem e IoT. Ao implementar estratégias industriais e de governança para não depender dos países mais ricos, desenvolveram-se empresas nacionais como Baidu, Huawei, Alibaba e Tecent. Elas se tornaram as maiores intervenientes no desenvolvimento de cidades inteligentes da China, em contraste com a década de 2000, quando empresas ocidentais como a IBM dominaram o mercado de cidades inteligentes chinesas. As empresas tecnológicas chinesas desenvolveram produtos para cidades inteligentes que são próprios da cidade, mas que também podem ser modificados e aplicados a outras cidades chinesas e fora da China. É relatado que essas empresas de tecnologia chinesas têm colaboração estratégica com 300 cidades chinesas para construir cidades inteligentes. Numerosas empresas startups e aplicativos também foram criados para fornecer serviços em cidades inteligentes nos últimos anos.

Os gigantes tecnológicos nacionais da China são atores-chave no esforço para modernizar a infraestrutura das cidades, e empresas como Alibaba, Tencent, Didi Chuxing, Baidu e Huawei já implementam as suas tecnologias para progredir em direção aos objetivos nacionais da China de desenvolver cidades inteligentes.

À medida que novas tecnologias surgem após décadas de investigação e desenvolvimento, algumas empresas assumiram a liderança na transformação das cidades em Hangzhou, Suzhou, Shenzhen, Xangai e Pequim, entre outras cidades. Essas tecnologias formam então os alicerces dos "cérebros digitais", que utilizam computação em nuvem, inteligência artificial (IA) e IoT para criar as bases para a infraestrutura de cidades inteligentes.

A Huawei, uma das principais empresas campeãs nacionais da China, tem sido fundamental para a expansão global das tecnologias IoT e da rede de telecomunicações 5G da China, ambas fundamentais para o desenvolvimento global das infraestruturas de cidades inteligentes. A empresa é responsável pela interconectividade de 200 milhões de dispositivos habilitados para IoT em todo o mundo, com 90 milhões conectados somente à rede da China Telecom. A tecnologia 5G da Huawei é fundamental para muitos projetos de cidades inteligentes em toda a China e procura uma abordagem abrangente à infraestrutura de cidades inteligentes, desde a gestão aeroportuária e otimização do tráfego até a governação simplificada da cidade e assistência ao pessoal médico.

Embora a rede da Huawei se estenda por toda a China, Shenzhen e Xangai têm sido o foco como cidades-piloto para as tecnologias de cidades inteligentes da empresa. A Huawei atualizou a infraestrutura aeroportuária do Aeroporto Internacional Bao'an de Shenzhen, que registou uma redução significativa nas filas de espera e nos tempos de embarque. Em Shenzhen, empregaram sistemas inteligentes de semáforos e controle de tráfego que ajudam a otimizar os padrões de tráfego. À medida que os carros se tornam cada vez mais integrados às tecnologias celulares de veículos (C-V2X), que permitem a conectividade entre os carros e as redes vizinhas, os sistemas da Huawei melhoram o fluxo de tráfego e também permitem tempos de resposta mais rápidos para socorristas de emergência.

A Tencent, empresa de plataformas populares como QQ, Weibo e WeChat, é um importante impulsionador das mídias sociais e do comércio eletrônico. O uso mássico do aplicativo WeChat, com os seus serviços de pagamento e a interoperabilidade com outras aplicações, permitiu que se tornasse uma plataforma versátil entre a infraestrutura digital e a população da China. O WeChat Pay, o sistema de pagamento digital nativo do WeChat, está há muito tempo integrado na maioria dos serviços públicos e infraestruturas urbanas. Ele fornece serviços para fornecedores, consumidores e agências governamentais, e seria difícil encontrar uma loja, restaurante ou fornecedor em qualquer lugar da China que não aceitasse o serviço. Serviços governamentais e hospitais permitem usar o WeChat Pay para pagar taxas ou multas. Além dos seus serviços de pagamentos, a capacidade do WeChat de divulgar informações também se revelou inestimável ao longo dos anos. Isso foi demonstrado no início da epidemia da covid-19, em que o WeChat permitiu atualizações contínuas sobre as medidas de quarentena e forneceu estatísticas importantes aos funcionários governamentais locais. Posteriormente, ajudou a fornecer recursos de rastreamento de contatos que foram essenciais para isolar grupos de covid-19 em determinadas áreas. Entre seus desenvolvimentos mais recentes estão agora um seletor digital de hospitais que usa IA para ajudar a conectá-lo aos médicos que melhor atendem às suas necessidades.

A Tencent e o proeminente escritório de arquitetura NBBJ anunciaram em conjunto a criação da Net City, uma área que priorizará uma vida verde sustentável, infraestrutura voltada para pedestres e uma rede subterrânea de veículos autônomos. Utilizando terras recuperadas perto de Shenzhen, a Net City planeja acomodar 80 mil pessoas. Atenderá principalmente aos escritórios da Tencent, proporcionando um ecossistema sustentável que beneficia os funcionários da empresa e os moradores da cidade. O seu objetivo é utilizar energias renováveis e águas residuais reutilizáveis, a fim de promover um ambiente de vida mais amigo do ambiente. A construção dessa área começou em 2020 e está prevista para ser concluída em 2027.

Baidu e Didi Chuxing, dois dos maiores gigantes tecnológicos da China, estão competindo entre si para desenvolver veículos autônomos. Com o desenvolvimento das tecnologias 5G, C-V2X e de trânsito rápido, Baidu e Didi lançaram parcerias com autoridades municipais para desenvolver transporte inteligente em nível municipal. O Apollo da Baidu visa desenvolver infraestrutura de transporte digital para cidades inteligentes que utiliza tecnologias C-V2X para integrar veículos inteligentes na rede de tráfego mais ampla de uma cidade, incluindo sinalização inteligente, estacionamento inteligente e ônibus inteligentes. Essa tecnologia já foi implantada em grandes cidades como Changsha e Guangzhou. Didi Chuxing, conhecida por seu aplicativo de compartilhamento de viagens, desenvolveu o Didi Transportation Brain e uma frota de veículos autônomos que são altamente sinérgicos entre si. O cérebro do transporte já foi implantado em diversas cidades da China, aproveitando Big Data e IA para melhorar o tempo de viagem dos passageiros. A sua crescente frota de robô-táxis funciona em conjunto com o seu cérebro de transporte e foram lançados programas-piloto de veículos autônomos em Xangai, Yangquan e Hefei.

Aparentemente, muitas dessas cidades são iguais às cidades ocidentais, com fileiras e mais fileiras de arranha-céus modernos, ruas largas, instalações e infraestruturas paisagísticas ecológicas completas, além de uma certa densidade populacional etc. Entretanto, existem diferenças fundamentais entre as cidades chinesas e as cidades estrangeiras. No urbanismo contemporâneo ocidental, a lógica da mentalidade inteligente é representada num conjunto de ferramentas de *benchmarking* urbano que permitem às cidades avaliar as suas iniciativas inteligentes por meio da utilização de sistemas de classificação baseados em dados. Muitas vezes, os critérios de classificação são criados pelo setor privado e o padrão é definido em conjunto com os gigantes da tecnologia com o objetivo de concretizar a sua visão de uma paisagem utópica do futuro urbano (Townsend, 2013). As cidades são cada vez mais moldadas em plataformas de negócios como a Amazon, ou seja, o urbanismo de plataforma (Caprotti; Liu, 2020). A mentalidade inteligente na China urbana, contudo, demonstra uma racionalidade bastante diferente. Nesse contexto, em vez de serem cooptadas pelos gigantes tecnológicos, as práticas de *benchmarking* baseadas em dados no urbanismo inteligente chinês são padronizadas pelo aparelho estatal (Lin, 2019).

2.2 Emergência das cidades inteligentes na China

Na China, a primeira fase do desenvolvimento da cidade inteligente é o período de exploração e desenvolvimento, marcado pela fase Smart City 1.0. Do final de 2008 a agosto de 2014, o conceito de "Terra Inteligente" proposto pela IBM rapidamente se espalhou pelo mundo e ganhou amplo reconhecimento, resultando num aumento na construção de cidades inteligentes em todo o mundo. A China também começou a explorar a construção de cidades inteligentes de forma independente durante esse período. Em 2008, a China introduziu a estratégia nacional de desenvolvimento de cidades nacionais impulsionadas pela inovação, sendo Shenzhen selecionada como a primeira cidade-piloto para essa iniciativa. No entanto, em comparação com outros países, a prática de cidade inteligente na China foi relativamente tardia. Naquela época, a exploração carecia de projeto e coordenação de alto nível, e o desenvolvimento apresentava uma tendência livre, relativamente dispersa e desordenada. Em 2010, os ministérios e comissões nacionais relevantes orientaram principalmente o trabalho-piloto no seu próprio âmbito, enquanto as cidades promoveram principalmente a ideia de construção de cidades digitais. Cidades como Shenzhen, Ningbo, Foshan, Yangzhou, Nanjing, Xangai, Pequim e outras juntaram-se às fileiras da construção de cidades inteligentes. No início de 2013, o Ministério da Habitação e Construção anunciou a lista-piloto das primeiras 90 cidades inteligentes nacionais e promulgou as Medidas de Gestão Provisórias do Piloto Nacional de Cidades Inteligentes e do Sistema Nacional de Índice Piloto de Cidades Inteligentes, que deu início ao prelúdio para a construção abrangente de cidades inteligentes na China (Liu; Wu, 2023).

O governo chinês adotou uma estratégia de urbanização, esforçando-se não só para aumentar a percentagem de pessoas que vivem nas cidades, mas também para a qualidade do desenvolvimento urbano. Sob a direção do governo, a urbanização na China registou progressos numa ampla variedade de frentes, incluindo melhores ambientes de vida urbana, cidades mais inteligentes, saúde e segurança, facilidade de vida e desenvolvimento sustentável, com avanços no uso da tecnologia, do crescimento de países emergentes empresas e mudanças nas necessidades das pessoas e na forma como vivem. As medidas governamentais sobre a construção de cidades modelo estão a desempenhar um papel de liderança na aceleração da estratégia de urbanização, tais como a construção de ecocidades de baixo carbono, cidades inteligentes e outras cidades modelo em todo o país para incentivar melhorias na qualidade da urbanização.

Em 2011, o 12º Plano Quinquenal da China anunciou as suas intenções de desenvolver "cidades digitais". No âmbito desse plano, Pequim procurou acelerar a construção de infraestruturas de TI de nova geração, redes de comunicações móveis, infraestruturas de internet, redes de radiodifusão digital e televisiva, instalações de comunicação por satélite e uma rede de transmissão troncal nacional de ultra-alta velocidade, grande capacidade e altamente inteligente. O governo também delineou a construção de ligações de banda larga em todas as zonas urbanas e rurais para reforçar a interconectividade. Desde 2011, os planos quinquenais destacam a tecnologia de cidades inteligentes como uma das principais prioridades de investimento da China, duplicando o seu investimento em cidades inteligentes. A partir de 2012, a China começou a testar o desenvolvimento nacional de cidades inteligentes para incentivar a utilização das tecnologias mais recentes, como a IA e IoT, para ajudar o fluxo do tráfego, melhorar a aplicação da lei e tornar os edifícios públicos mais eficientes em termos energéticos (Guo, 2013).

Em 2010, a China aprovou 36 cidades como cidades-piloto inovadoras nacionais e o processo de construção de cidades inovadoras entrou numa fase de testes em grande escala. Desde então, o âmbito das cidades-piloto inovadoras foi progressivamente alargado e, em 2013, passou-se a 58 cidades-piloto de inovação. No final de 2018, a China tinha estabelecido 78 cidades-piloto para a inovação, incluindo 76 cidades a nível de província ou superior, e duas cidades a nível de condado. Em 2018, foram adicionadas mais 17 cidades-piloto, incluindo a cidade de Jilin e Xuzhou. Ao expandir continuamente o âmbito das cidades-piloto inovadoras, a China incentiva ativamente caminhos de inovação e desenvolvimento urbano, de modo a construir "cidades regionais de demonstração" para outras cidades próximas, gerando uma reação em cadeia que passa a abranger todas as regiões do país.

Projetos-piloto foram realizados por diferentes ministérios da China no ano de 2012, que cobrem 28 domínios urbanos diferentes. A política a nível nacional passou de uma experiência-piloto levada a cabo por ministérios independentes para uma mitigação por meio de esforços intersetoriais e, finalmente, evoluiu para ser liderada pela normalização e avaliação. Durante os projetos-piloto daqueles anos, o governo descobriu que, quando liderado por ministérios individuais, o objetivo global da cidade inteligente, numa perspectiva sistemática, não pode ser alcançado, portanto, no ano de 2014, a palavra-chave da política de nível nacional foi alterada para "Design de nível superior". Projeto de nível superior significa o procedimento geral de planejamento e projeto de uma cidade, consistindo em uma configuração de objetivo de construção de cidade inteligente, configuração de estrutura geral, lista de metas de construção, método de implantação, definição de objetivos e visão, entrevistas com setores governamentais relevantes, análise de lacunas, planejamento geral etc. No entanto, como os projetos-piloto já decorrem há vários anos, embora a concepção de nível superior tenha sido proposta e tenha se tornado uma abordagem comum para as cidades, não existia uma abordagem padronizada de criação de um design de alto nível, de modo que no ano de 2015 foi proposta a importância da padronização.

A segunda fase do desenvolvimento da cidade inteligente é caracterizada pela padronização e integração e marca uma transição da Smart City 1.0 para a 2.0. A primeira fase de desenvolvimento livre resultou em inconsistências e desafios, tais como silos de informação, concepção inadequada de nível superior e duplicação de construção de baixo nível. Entre agosto de 2014 e dezembro de 2015, a Comissão Nacional de Desenvolvimento e Reforma e sete outros ministérios e comissões emitiram a "Orientação para a Promoção do Desenvolvimento Saudável de Cidades Inteligentes", que foi o primeiro documento sistemático aprovado pelo Conselho de Estado para orientar de forma abrangente a construção de cidades inteligentes na China. Essa iniciativa resultou na formação de um grupo de trabalho de Coordenação Interministerial para a Promoção do Desenvolvimento Saudável das Cidades Inteligentes a nível nacional, liderado pela Comissão Nacional de Desenvolvimento e Reforma e composto de 25 ministérios. Vários departamentos passaram a colaborar para orientar a construção de cidades inteligentes locais (Liu; Wu, 2023).

Embora o governo chinês tenha cunhado pela primeira vez o termo "nova urbanização" em 2012, foi em 2014 que o Conselho de Estado emitiu o Plano Nacional de Nova Urbanização (2014-2020), estabelecendo um modelo para o desenvolvimento das áreas urbanas da China. Com o objetivo de tornar as cidades chinesas mais habitáveis e sustentáveis, o plano descrevia a nova urbanização como "orientada para as pessoas", "verde e de baixo carbono" e com "um layout otimizado". Essa visão foi refletida no Relatório de Trabalho do Governo e no 14º Plano Quinquenal, publicado em março de 2021, que estabeleceu a meta de aumentar a taxa de urbanização para 65% até 2025. O Novo Plano de Urbanização (2014-2020) define quatro objetivos principais: "promover a conversão ordenada de migrantes rurais em residentes urbanos", "otimizar os padrões de urbanização", "melhorar a sustentabilidade das cidades" e "promover a integração urbano-rural". Dos 200 milhões de migrantes rurais, o plano converteu aproximadamente 100 milhões em residentes urbanos até 2020. O plano propõe que esses novos residentes urbanos recebam formação profissional, sejam autorizados a adquirir reforma e seguro médico urbano, ganhem acesso a serviços médicos urbanos e habitação subsidiada. Além disso, embora o plano imponha restrições rigorosas às cidades com populações de 5 milhões ou mais, pretende abrir as cidades menores aos migrantes rurais que satisfaçam certas condições, tais como residir durante um determinado número de anos, ocupar postos de trabalho valiosos e participar em programas de seguridade social por um determinado período. O plano também apela a vários níveis de governo, empresas e indivíduos para que partilhem as despesas de transformação de migrantes rurais em residentes urbanos. A promoção da residência urbana para a população rural capaz de garantir um emprego estável nas cidades continua a ser a principal prioridade do novo tipo de urbanização.

Em 2014, o Comitê de Normalização emitiu um aviso sobre a criação do Grupo Nacional de Coordenação e Promoção de Normalização de Cidades Inteligentes, com o Grupo Geral e o Grupo Consultivo de Especialistas. O Grupo Geral Nacional de Padronização de Cidades Inteligentes é a primeira organização oficial de padronização de cidades inteligentes na China, responsável por formular a estrutura do sistema de padronização de cidades inteligentes da China, o desenvolvimento de padrões, a promoção de estratégia, o conteúdo técnico e a implementação de aplicativos do padrão em nível nacional. Entretanto, os governos locais também têm explorado normas locais que possam orientar as suas práticas. Por exemplo, a província de Zhejiang, a cidade de Xangai e a província de Guizhou prepararam o "Guia de classificação e classificação de dados governamentais (para implementação experimental)" e o "Catálogo de recursos de dados governamentais", que incluem metadados, elementos de dados principais e compilação de diretrizes. Isso exige que os gestores municipais organizem sistematicamente os tipos de dados e processos de negócios para padronização. Apesar de algum progresso na padronização da construção de cidades inteligentes, continua a ser um projeto complexo que envolve vários campos industriais e de construção de cidades. Portanto, há uma necessidade urgente de fornecer uma plataforma colaborativa para serviços de conhecimento padronizados, supervisão de projetos, gerenciamento de projetos, testes padrão, avaliação de desempenho e demonstração de aplicações padrão (Xiaojuan, 2015).

O sistema de padronização é estabelecido de acordo com os padrões nacionais, regionais e industriais da China. Um grupo de trabalho, o Grupo de Trabalho Geral de Padronização de Cidades Inteligentes Nacionais, foi liderado pela Administração de Padronização da China para realizar o trabalho. Mais de 8 mil padrões diferentes relevantes para cidades inteligentes foram coletados e analisados pelo grupo de trabalho. O sistema padrão de cidade inteligente consiste em sete categorias padrão de primeiro nível: geral, tecnologia de suporte, infraestrutura, construção e habitação, gestão e serviços, indústria e economia e segurança. Abaixo de cada uma das categorias de padrões de primeiro nível são propostas categorias de padrões de segundo nível. A ideia do sistema é orientar o trabalho de padronização de cidades inteligentes da China (Liu, 2018).

A terceira fase pode ser caracterizada como o período de atualização estratégica entre 2015 e 2017. As cidades inteligentes receberam maior atenção e foram elevadas ao nível estratégico nacional, emergindo como um aspecto crucial dos novos planos de urbanização do país. De 2015 a 2017, as políticas nacionais da China colocaram ênfase no trabalho de padronização e na sua orientação para planejamento, construção, manutenção e operação de cidades inteligentes. Do ano de 2018 até agora, a palavra-chave foi cidade inteligente de novo tipo. Ao falar sobre o novo tipo de cidade inteligente, o governo quer dizer usar a avaliação como uma abordagem para avaliar o desempenho das cidades inteligentes para promover o desenvolvimento e a reforma das cidades. Foi proposto um novo conceito de cidade inteligente, com maior ênfase no desenvolvimento abrangente e na aplicação de tecnologias de informação de nova geração em vários domínios da gestão urbana, com o objetivo de alcançar o desenvolvimento urbano sustentável e aumentar a competitividade abrangente das cidades. Esse novo conceito marca uma mudança em direção à Cidade Inteligente 2.0.

Em 2016, a Comissão Nacional de Desenvolvimento e Reforma e o Ministério da Ciência e Tecnologia publicaram conjuntamente as "Diretrizes para a Construção de Cidades Impulsionadas pela Inovação", revisando ainda mais o sistema de indicadores de avaliação, as principais tarefas, o apoio político e o desempenho ambiental das cidades-piloto de inovação. Em 2019, a China publicou mais de 30 padrões nacionais, incluindo GB/T 36445-2018 Smart City Information Technology Guide para aplicação padrão SOA, GB/T 36333-2018 Smart City Guidance para design geral, GB/T 37043-2018 Smart City terminologias etc. A implantação piloto de indicadores foi realizada em 20 cidades: Chongqing, Shenzhen, Chengdu, Fuzhou, Shenyang, Yinchuan, Benxi, Chifeng, Dunhuang, Jiaxing, Kaifeng, Longyan, Nantong, Panjin, Shizuishan, Weihai, Xuzhou, Xianfang distrito de Harbin, distrito de alta tecnologia de Hefei, distrito de Longgang de Shenzhen.

A quarta etapa é o período de aprofundamento do desenvolvimento, no qual se inicia a exploração da Cidade Inteligente 3.0 em termos de conceitos e planejamento de desenvolvimento. Em outubro de 2017, o 19º Congresso do Partido Comunista da China propôs a construção-chave de uma sociedade inteligente, após a qual a construção de novas cidades inteligentes acelerou e formou a tendência de desenvolvimento de *cluster* de cidades inteligentes "19 + 2", estendendo gradualmente as conquistas da construção para distritos, condados e áreas rurais. Nessa fase, as relações entre as pessoas, a natureza e as cidades são profundamente exploradas e a melhoria da qualidade de vida das pessoas e a governança participativa são enfatizadas como objetivos do desenvolvimento urbano. A busca pelos valores da construção urbana e a inovação dos paradigmas civilizatórios são destacadas e a construção de cidades inteligentes está cada vez mais madura (Liu; Wu, 2023).

O governo central tomou uma série de medidas para promover um desenvolvimento urbano mais uniforme. As duas cidades mais populosas da China, Xangai e Pequim, terão as suas populações limitadas em 25 milhões e 23 milhões de pessoas, respetivamente. O governo chinês também encampou a ideia de "clusters de cidades". O 13º Plano Quinquenal do governo previa a criação de 19 agrupamentos de cidades, cada um dos quais seria constituído por um centro rodeado por pequenas cidades-satélites. Os maiores deles são o sul do Delta do Rio das Pérolas (na Grande Área da Baía Guangdong-Hong Kong-Macau), o leste do Delta do Rio Yangtze (com Xangai como centro), o norte da Região Metropolitana de Jing-Jin-Ji (ancorada por Pequim) e Chengdu-Chongqing. Ao todo, espera-se que os 19 aglomerados de cidades da China abriguem 90% das futuras atividades econômicas chinesas (Sheng, 2022).

A REVOLUÇÃO DAS CIDADES INTELIGENTES NA CHINA: PERSPECTIVAS
DO DESENVOLVIMENTO URBANO NO SÉCULO XXI

Quando a República Popular da China foi fundada em 1949, apenas 10,6% dos chineses viviam em cidades. No fim de 2023, o número disparou para 66%. O país, que costumava ostentar uma enorme população rural, está hoje a ficar cada vez mais urbanizado. No fim de 2021, havia 691 cidades em todo o país, 34 a mais que no final de 2012. Em 2020, havia 96, 46 e 22 cidades acima do nível de prefeitura com uma população de 1-2 milhões, 2-4 milhões e 4 milhões ou mais, respectivamente, que era de 14, 15 e 8 mais do que no final de 2012. Na China existem mais de 200 cidades com pelo menos 1 milhão de habitantes. Entre eles, há pelo menos seis em que a população ultrapassa os 10 milhões. Em média, a densidade populacional nos centros das cidades é oito a dez vezes maior do que na Alemanha.

Nos últimos dez anos, a China concedeu residência urbana a um total de 130 milhões de pessoas que transitam entre áreas rurais e urbanas e outros residentes permanentes nas cidades. No que diz respeito à tarefa de otimizar os padrões de urbanização, o país observou os efeitos negativos da deterioração das condições ambientais e da intensa concorrência global nos três aglomerados de cidades costeiras (Pequim-Tianjin-Hebei, Delta do Rio Yangtze e Delta do Rio das Pérolas), propondo o desenvolvimento coordenado de pequenas vilas, cidades e aglomerados de cidades no interior e nas partes ocidentais do país, com base nos progressos alcançados pela Estratégia de Desenvolvimento Ocidental da China e pelo Plano para o Rejuvenescimento da China Central, e fazendo uso de redes de transporte emergentes, incluindo o Rio Yangtze e o Corredor de Transporte Europa-Ásia e as redes ferroviárias que se estendem de Dalian a Beihai, de Harbin a Hong Kong, e de Pequim a Kunming. Os pontos nodais dessas redes, particularmente a região de Harbin-Changchun no nordeste, a região de Chengdu-Chongqing no sudoeste, e as regiões de Zhengzhou-Luoyang-Kaifeng e Wuhan-Changsha-Nanchang no centro da China, estão marcados como eixos regionais de desenvolvimento. Uma rede de trânsito ferroviário multicamadas está sendo rapidamente formada, a cobertura da rede ferroviária da China entre cidades com uma população de 200.000

habitantes ou mais expandiu de 94% em 2012 para 99% em 2021, e a cobertura da rede ferroviária de alta velocidade entre as cidades com uma população de 500 mil ou mais aumentou de 28% em 2012 para 90% em 2021. No fim de 2023 havia 45 mil km de ferrovias de alta velocidade. A cobertura do transporte ferroviário urbano também está se expandindo gradualmente. No fim de 2021, havia 275 linhas ferroviárias urbanas operadas em 51 cidades, com uma quilometragem operacional total de 8.736 km.

O governo chinês providencia conscientemente fundos financeiros para promover a construção de cidades inteligentes. O esforço para "otimizar os padrões de urbanização" propõe desenvolver indústrias mais inovadoras nos três aglomerados de cidades costeiras, ao mesmo tempo que desloca empresas mais antigas e menos produtivas para cidades no centro e oeste da China. Além disso, o desenvolvimento de redes de transporte que ligam essas cidades do interior à Ásia Central e à Europa pretende expandir os papéis nodais dos aglomerados de cidades emergentes e, assim, gerar novos motores de crescimento para eles.

Desde o começo do século XXI, a China tem promovido vigorosamente a construção de infraestruturas de informação urbana e serviços de redes móveis. Aplicações de tecnologia de cidades inteligentes, como comércio eletrônico, aprendizagem social, viagens *on-line* e entrega expressa, foram popularizadas na China. Muitas novas tecnologias foram integradas na vida diária dos residentes urbanos, formando novas formas de negócios e uma nova ecologia mais diversificada. Existe um cenário diversificado de desenvolvimento de cidades inteligentes, em que cada cidade poderá ter o seu roteiro para se tornar uma cidade inteligente. Cada cidade está fazendo os seus próprios esforços para explorar a forma mais adequada para a construção da sua cidade inteligente com base nas suas dotações locais, estado de desenvolvimento e até mesmo nos contextos culturais, incluindo o quadro institucional. Cada cidade pode ter a sua especialização em inteligência baseada na consciência e no respeito pelo seu ambiente único existente. A construção de cidades inteligentes tende a convergir no reconhecimento de que o núcleo da cidade inteligente não é a inteligência da tecnologia, mas a inteligência de todas as instituições e pessoas capazes de utilizar ferramentas inteligentes de forma adequada e eficiente na busca do bem-estar das pessoas, capacitação institucional e melhor arranjo espacial rumo a uma cidade sustentável, resiliente e inclusiva no futuro e para o futuro.

3

POLÍTICAS MUNICIPAIS DE URBANIZAÇÃO INTELIGENTE

3.1 As principais cidades inteligentes da China

O território chinês conta com 34 divisões administrativas. São 23 províncias, cinco regiões autônomas, quatro municípios centrais e duas regiões administrativas especiais. As províncias e regiões autônomas seriam equivalentes aos estados no Brasil. Os municípios centrais (Beijing — capital da China —, Shanghai, Tianjin e Chongqing) são grandes cidades, administradas num sistema de orientação nacional. Já as regiões administrativas especiais (Hong Kong e Macau) são áreas que eram colônias de outros países e voltaram a fazer parte do país no século XX.

Guandong, Shandong e Henan são as maiores províncias. A província de Guangdong, no sul da China, tem 126 milhões de pessoas. Em segundo lugar está a província de Shandong, no leste da China, com 101 milhões, seguida pela província de Henan, com 98 milhões, e a província de Jiangsu, com 85 milhões. Sichuan, Jiangsu, Hebei, Hunan, Anhui, Hubei e Zhejiang tem entre 70 e 80 milhões.

Em população, as maiores cidades da China são Chongqing, Xangai, Pequim, Chengdu, Shenzhen, Tianjin, Wuhan, Harbin, Suzhou e Shenyang. Em termos de desenvolvimento econômico, as cidades mais ricas da China são: Xangai, Pequim, Shenzhen e Guangzhou, sendo cidades líderes em termos de agregado econômico e qualidade. Outras cidades, porém, têm um avanço crescente, destacando-se Chongqing, Suzhou, Tianjin, Chengdu, Hangzhou, Wuhan, Nanjing, Changsha, Wuxi. Entre todas as aglomerações urbanas na China, Pequim-Tianjin-Hebei, Delta do Rio Yangtze,

Área da Grande Baía Guangdong-Hong Kong-Macau e Chengdu-
-Chongqing são reconhecidas como as mais desenvolvidas e têm
maior potencial de desenvolvimento do que outras regiões. Nessas
áreas estão concentradas algumas cidades que são a dorsal do planejamento e da inovação urbana da China.

Uma categorização sobre as cidades mais inovadoras na China
seria composta, em primeiro lugar, de Pequim, Xangai e Shenzhen, cidades com forte impulso nacional e líderes no movimento
de cidades inteligentes chinesas. Uma característica comum dessas cidades é que são cidades supercentrais da China, bem como
centros econômicos e financeiros. Apenas as cidades de Pequim,
Xangai e Shenzhen representaram 23% da despesa total da China
em tecnologia em 2019. Com 6,31% do PIB em 2019, a intensidade
de P&D de Pequim foi quase três vezes a média nacional (2,23%).
A intensidade de P&D de Shenzhen foi mais que o dobro da média
nacional, e a de Xangai foi cerca de 1,8 vezes a média nacional. Das
50 melhores universidades chinesas no ranking do Times Higher
Education de 2020, 12 estão localizadas em Pequim. Em Xangai são
cinco universidades de ponta. Xangai, Shenzhen e Pequim estão
entre as primeiras cidades a iniciar o processo de transformação para
cidades inteligentes e o seu progresso fornece agora um modelo para
a infraestrutura e serviços para muitas das outras cidades da China.

Cidades menos conhecidas aumentaram consideravelmente
a sua influência global devido ao seu papel nos mercados chinês e
mundial, passando a incorporar diversas medidas de inovação urbana.

Uma categoria inclui 21 cidades costeiras com indústrias
desenvolvidas — Wuxi, Nantong, Changzhou, Yangzhou, Taizhou,
Zhenjiang, Xuzhou, Yancheng, Ningbo, Wenzhou, Shaoxing, Jinhua,
Huzhou, Taizhou, Yantai, Xiamen, Quanzhou, Dongguan, Zhuhai,
Foshan, Zhongshan — que estão se desenvolvendo rapidamente e
introduzindo um grande número de empresas e capital estrangeiro.

Numa outra categoria de desenvolvimento urbano encontram-
-se dez cidades regionais centrais — Suzhou, Nanjing, Hangzhou,
Qingdao, Tianjin, Guangzhou, Zhengzhou, Wuhan, Chongqing,

Chengdu. Essas cidades têm inovação de alta qualidade e capacidades de inovação de alto nível, recebendo muito de investimento em talentos e fundos nacionais.

Outra categoria inclui 19 capitais provinciais — Jinan, Hefei, Fuzhou, Nanchang, Taiyuan, Shijiazhuang Shenyang, Dalian, Changchun, Harbin, Hohhot, Changsha, Haikou, Nanning, Guiyang, Kunming, Xi'an, Lanzhou, Urumqi. Essas cidades têm fortes capacidades de inovação, com níveis relativamente elevados. Nos últimos anos, a China fortaleceu o cultivo fundamental de produtos centrais regionais das cidades, formando gradativamente um estado de "uma província, uma cidade". Essa categoria não só melhorou a sua própria capacidade de inovação, mas também impulsionou o desenvolvimento inovador de cidades vizinhas.

Em uma quinta categoria, são 63 cidades mais subdesenvolvidas — Suqian, Huai'an, Lianyungang, Zhoushan, Lishui, Zibo, Weifang, Jining, Tai'an, Weihai, Linyi, Wuhu, Bengbu, Anqing, Ma'anshan, Fuyang, Chuzhou, Zhangzhou, Putian, Ningde, Longyan, Nanping, Ganzhou, Shangrao, Jiujiang, Langfang, Baoding, Tangshan, Handan, Cangzhou, Baotou, Anshan, Qinhuangdao, Jilin, Daqing, Huizhou, Shantou, Jiangmen, Zhanjiang, Zhaoqing, Qingyuan, Chaozhou, Meizhou, Jieyang, Luoyang, Nanyang, Xinyang, Shangqiu, Xinxiang, Yichang, Xiangyang, Jingzhou, Hengyang, Zhuzhou, Xiangtan, Chenzhou, Sanya, Guilin, Liuzhou, Mianyang, Zunyi, Xianyang, Yinchuan —, que são cidades de menor nível de inovação, têm um grande número, piores localizações geográficas e condições econômicas, porém vêm promovendo políticas consistentes de urbanização para melhorar suas condições de vida da população.

Com apoio do governo central, os governos locais nas cidades chinesas têm implementado ativamente várias novas iniciativas de urbanização. Por exemplo, Xangai está a reorganizar o seu traçado, convertendo cinco dos seus distritos suburbanos em novas cidades. Embora os subúrbios normalmente só proporcionem espaço para as pessoas que trabalham no centro da cidade, Xangai pretende que se tornem centros independentes de investigação e produção, mas que permaneçam ligados. Chengdu está construindo um novo grande centro tecnológico e de produção na sua parte oriental para acelerar a integração com Chongqing. A cidade também anunciou uma série de esforços de sustentabilidade, incluindo a conversão de um terço da sua área urbana em espaços verdes. Outras cidades realizam novos e ambiciosos projetos de urbanização, como Shenzhen, que substituiu todos os seus 14 mil ônibus e 21 mil táxis por veículos elétricos para reduzir o ruído e a poluição atmosférica.

3.1.1 Pequim

Pequim, como capital da China, experimentou uma expansão urbana substancial nas últimas décadas, em que a taxa de urbanização chegou a 87,5% em 2021. A população permanente total de Pequim aumentou de 15,38 milhões em 2005 para 21,954 milhões em 2016, e depois diminuiu gradualmente desde 2020. Seu PIB em 2022 atingiu 633 bilhões de dólares.

Pequim fica na parte norte da Planície do Norte da China, com uma área total de aproximadamente 16.410 km². Pequim é adjacente à montanha Yanshan, com elevação geralmente variando entre 1.000 e 1.500 m nas áreas montanhosas, diminuindo significativamente de noroeste para sudeste. Pequim inclui 16 distritos, como os distritos de Dongcheng, Xicheng e Chaoyang e a Área de Desenvolvimento Econômico-Tecnológico de Pequim (BDA). A capital é geralmente dividida em quatro áreas, ou seja, a zona central da função capital, a zona de expansão da função urbana, a nova zona de desenvolvimento urbano e a zona de conservação da função ecológica. Especificamente, a zona central da função capital inclui os distritos de Dongcheng e Xicheng, e a zona de expansão da função urbana inclui os distritos de Haidian, Chaoyang, Fengtai e Shijingshan. A nova zona de desenvolvimento urbano inclui os distritos de Changping, Shunyi, Tongzhou, BDA, Daxing e Fangshan, e a zona de conservação da função ecológica inclui os distritos de Mentougou, Yanqing, Huairou, Miyun e Pinggu.

O crescimento urbano exigiu a construção de centenas de milhares de novos edifícios, muitas vezes padronizados nos intermináveis subúrbios de Pequim. O crescimento tem sido planejado de forma intervencionista clássica, com uso planejando do solo e construindo novos bairros e infraestruturas. O conceito de reduzir os terrenos para construção e ao mesmo tempo promover o desenvolvimento foi proposto na nova onda de planejamento espacial nacional de Pequim para fazer face à expansão excessiva dos terrenos para construção urbana.

A enorme escala de investimento foi ainda mais fomentada quando Pequim venceu os Jogos Olímpicos que tiveram lugar em 2008. Os projetos de infraestrutura incluíram quatro linhas de metrô, trens leves ao redor da cidade, um trem de alta velocidade para o aeroporto e uma segunda rodovia para o aeroporto, o quinto e o sexto anel viário e uma extensão do aeroporto da capital. O plano incluía também a construção de equipamentos culturais como o Grande Teatro Nacional (arquiteto Paul Andreu), a sede da China Central Television — CCTV (edifício de Rem Koolhas), o Museu Capital, o Museu Nacional e o inovador estádio Ninho de Pássaro, construído por Herzog e De Meuron. O aeroporto internacional de Daxing é o mais espetacular da nova geração, projetado pela empresa francesa de aeroportos *Aeroport de Paris* em conjunto com a famosa arquiteta Zaha Hadid e planejado para se tornar o aeroporto mais movimentado do mundo. Está localizado a cerca de 50 quilômetros ao sul de Pequim, acomodando 130 milhões de passageiros por ano. A internacionalização de Pequim seguiu, portanto, o modelo clássico de circulação entre cidades do mundo, incluindo arquitetos estrelas ocidentais envolvidos na construção de edifícios icônicos.

Para organizar uma região urbana policêntrica, o governo investiu fortemente nos transportes: um comboio de alta velocidade (que circula entre 250 e 350 km/h) funcionará como um metro regional para ligar os extremos da região urbana, em particular, ao aeroporto em 30 minutos, ou Pequim para o novo aeroporto em 20 minutos, novas linhas de metrô para os principais centros, uma infinidade de novos veículos sob trilhos e comboios ligeiros. Cada estação de metrô em Pequim tem um sistema de segurança para despachar todas as malas, comparável a um aeroporto. As autoridades afirmam que podem localizar qualquer pessoa que esteja causando problemas no sistema de transporte em 15 minutos.

Como capital, Pequim acelerou o ritmo de urbanização como uma cidade inteligente. Os serviços públicos da cidade para os residentes estão se tornando mais simples e mais convenientes por meio do Cartão de Serviço Social do Cidadão de Pequim, um cartão virtual que integra todos os tipos de informações, tais como documentos de identidade, segurança social, condições de saúde e informações sobre educação. A política de "Serviços Governamentais + Blockchain" de Pequim digitaliza certificados, licenças e outros serviços governamentais. Ao incorporar a tecnologia *blockchain* nesse processo, os departamentos governamentais reduzem as suas cargas de trabalho, poupam recursos e promovem a atividade empresarial local por meio de sistemas simplificados e registros digitalizados. O método tradicional de manutenção de registos e partilha de dados está sujeito a perda de documentos, erros humanos, processos duplicados ou ineficientes e atrasos dispendiosos. Automatizar e digitalizar isso diminui a dependência de funcionários do governo para inserir e armazenar dados. Também criam-se sinergias intragovernamentais significativas, permitindo a partilha de dados entre vários departamentos.

A rápida expansão dos terrenos para construção urbana levou a uma série de problemas ecológicos e sociais, como a grave poluição ambiental, aumento do consumo de energia e perda considerável de terras agrícolas. Porém, em poucos anos, o ar de Pequim melhorou tanto que não é mais um grave problema na cidade. Na China, tal como na Europa ou nos EUA antes, a aceleração econômica teve terríveis consequências ambientais. A região urbana de Pequim era uma das principais regiões da indústria pesada. A urbanização em grande escala combinada com a industrialização criou o pior problema de poluição do ar no início de 2010, daí o que foi chamado de crise do "apocalipse aéreo". O meio ambiente tornou-se então uma prioridade oficial para o Partido Comunista. Tornou-se claro para os seus líderes que a criação de uma capital mundial exigia revisões sérias, a fim de restaurar o "céu azul" de Pequim. Uma série de políticas foram vigorosamente implementadas. Em primeiro lugar, em poucos anos, a China tornou-se líder na reciclagem de resíduos. Em segundo lugar, destaca-se o uso de novas tecnologias digitais, como o Blue Map, criado pelo Instituto de Assuntos Públicos e Ambientais, sendo usado pelas autoridades municipais em tempo real para tomar medidas que incluem forçar o fechamento de fábricas para reduzir a poluição. Paralelamente, a reestruturação da economia e a expansão de Pequim para a alta tecnologia, finanças e serviços levaram ao encerramento de alguns setores da indústria. Regulamentações rígidas foram emitidas para impedir a circulação de carros velhos. Finalmente, as empresas poluidoras foram firmemente obrigadas a deixar a região urbana de Pequim e a instalar-se longe para evitar a poluição na capital.

O governo também levou a sério a questão da poluição terrestre. Implementou um enorme projeto florestal, com o plantio de 8 milhões de novas árvores, incluindo 200 florestas urbanas. Mais importante ainda, a China utilizou os seus melhores especialistas científicos e mundiais para plantar árvores com precisão com o objetivo de despoluir o solo ao longo de alguns anos e para desempenhar um papel ativo na limitação da poluição atmosférica. Esse investimento florestal mudou drasticamente a paisagem de Pequim, com uma vasta área protegida. A cidade escura está tornando-se uma cidade mais verde, como seria de se esperar de uma aspirante à capital mundial. O governo também está investindo em projetos de energia de alta tecnologia de alto nível, como o projeto de alta tensão de Zhangbei, que combina a produção de energia eólica e solar com um sistema de armazenamento e transmissão.

3.1.2 Xangai

Xangai tem a maior economia entre as quatro cidades de nível provincial da China, com as finanças mais desenvolvidas e o maior comércio portuário da Ásia com o mundo. No início da década de 1990, a Nova Área de Pudong, um dos 16 distritos urbanos de Xangai, foi designada pelo governo nacional como uma "janela de reforma e abertura da China" para conduzir uma série de políticas econômicas especiais, que criaram um ambiente institucional inclusivo para facilitar e impulsionar o desenvolvimento das indústrias, da inovação e da sociedade.

O conceito de cidade inteligente chamou a atenção do governo municipal e foi introduzido no planejamento urbano de Xangai muito antes de ser adotado como estratégia nacional na China. Em 2010, a cooperação entre o governo local e a IBM para a Expo Mundial fez de Xangai a primeira cidade da China a introduzir de forma prática o conceito de cidade inteligente. Em 2017, o Governo Municipal de Xangai emitiu o Plano Diretor Urbano de Xangai (2017-2035), reposicionando a cidade como "o centro econômico, financeiro, comercial e marítimo internacional", além de "o centro de inovação em C&T". Em 2021, o PIB de Xangai atingiu 637 bilhões de dólares, ultrapassando pela primeira vez o de Londres e Paris, com as taxas de crescimento anuais das principais indústrias intensivas em inovação (TIC, indústrias criativas digitais, novas energias, biologia e fabricação de alta qualidade), todos superiores a 10%.

A reputação de Xangai como uma das principais cidades inteligentes da China (e do mundo) se deve em grande parte à Citizen Cloud. Essa plataforma de serviços públicos é um ponto único que inclui 1.274 serviços públicos, incluindo nascimento e casamento, cultura e educação, turismo, segurança social, condições de trânsito em tempo real, infrações de trânsito, previsões meteorológicas, registros hospitalares, tratamento médico, consultas sobre pensões, atividades de vida comunitária, lazer e cuidados a idosos. Até o momento, cerca de 10 milhões de usuários estão cadastrados no sistema. Um total de 75 mil pedidos de serviço público são tratados por meio da plataforma todos os dias. As informações dos residentes são partilhadas por 39 autoridades governamentais ligadas à plataforma.

Um problema comum nas cidades chinesas é o congestionamento do tráfego. Numa cidade do tamanho gigantesca como Xangai, imagine o tamanho do problema. Por isso, Xangai construiu uma estrutura para informações de trânsito que detalha o tráfego rodoviário até os dados de estacionamento público. Mais de 1.600 telas LCD e mais de 1.700 placas de estações eletrônicas solares estão instaladas em toda a cidade, oferecendo horários precisos de chegada do transporte público. Para resolver os problemas de estacionamento público de Xangai, a gigante tecnológica Huawei lançou uma rede de estacionamento inteligente que permite aos utilizadores de automóveis encontrar, reservar e pagar por celular. *Chipsets* são incorporados abaixo das vagas de estacionamento em mais de 300 estacionamentos em toda a cidade, coletando e transmitindo informações em tempo real sobre a taxa de ocupação dos estacionamentos aos motoristas por meio do aplicativo. Em vez de procurar vagas de estacionamento disponíveis enquanto dirigem pela cidade, os motoristas podem procurar vagas próximas no aplicativo e pagar para usá-las.

Xangai apostou em se destacar na IA em 2017, quando o governo municipal divulgou pela primeira vez um documento para reforçar o desenvolvimento da "indústria de IA da próxima geração". Em 2020, as autoridades locais contabilizaram 1.149 empresas como "empresas-chave de IA". A cidade promoveu um conjunto de zonas industriais localizadas na nova área de Pudong e no distrito de Xuhui. Isso atraiu grandes empresas de tecnologia como Amazon, Microsoft, Tencent e Huawei a participar em negócios relacionados com IA. Pode-se ver essa influência de diferentes formas na cidade. Para reforçar a aplicação nos transportes, por exemplo, Xangai abriu 560 quilômetros de estradas para a realização de testes de condução autônoma. No River Mall de Xangai, as pessoas podem experimentar espelhos virtuais em lojas de vestuário, em que algoritmos podem recomendar aos clientes a melhor roupa sem o incômodo de provadores inadequados. Existem restaurantes e cafés com robôs em que a conta é deduzida automaticamente por meio de seus telefones quando saem do estabelecimento.

3.1.3 Shenzhen

A cidade de Shenzhen tem um estatuto único da cidade no sistema urbano chinês. Em 1980, quando foi planejada pela primeira vez como uma "zona econômica especial" (ZEE) para testar e desenvolver experiência para a agenda de modernização de "reforma e abertura" da China, era em grande parte uma área rural de agricultura e pesca — os setores primários nas classificações econômicas da China. A cidade foi selecionada como ZEE pela sua proximidade com Hong Kong, de modo a captar as repercussões do investimento, conhecimento, indústrias e comércio internacional da ilha. Desde então, a economia de Shenzhen, tal como a economia nacional, foi liderada pela industrialização e orientada para o exterior por meio da atração de investimento direto estrangeiro e da exportação de produtos manufaturados.

O rápido crescimento de Shenzhen em uma metrópole internacional — crescimento populacional em 40 vezes, crescimento do emprego em 68 vezes e crescimento do PIB em 11.452 vezes, em 1979-2017 — é mais representativo da urbanização e recuperação econômica da China. Até 1980 um conjunto de vilas de pescadores, Shenzhen tem hoje o horizonte entrecortado por arranha-céus como a Ping An Tower, no centro, com 599 metros e 115 andares, e os edifícios KK100, com 441 metros, e China Resources Headquarters, com 392 metros. Até o final de 2021, haviam sido entregues 297 prédios com mais de 150 metros de altura em toda a cidade.

Shenzhen é reconhecida como "o Vale do Silício da China", tendo evoluído para um centro de ciência, tecnologia e inovação urbana. A alta tecnologia é a força vital da economia da cidade, representando cerca de 60% da produção industrial. Shenzhen é sede de outras gigantes de tecnologia chinesas, como a Huawei, Tencent, que produz videogames como "League of Legends", e o aplicativo de mensagens e sistema de pagamentos WeChat, a BYD, de carros elétricos e baterias, e a ZTE, do setor de telecomunicações. Há cerca de 14 mil empresas de alta tecnologia em Shenzhen, segundo pesquisa da organização SmartCitiesWorld, de outubro de 2022 (Longfellow, 2024).

A transformação econômica de Shenzhen influenciou e foi influenciada pela transformação do planejamento da cidade. Já foi elaborada uma dúzia de planos e estratégias para orientar e responder ao seu rápido desenvolvimento. Destes, três planos diretores em 1986, 1996 e 2010 são os mais importantes pelo seu estatuto estratégico no sistema de planejamento chinês. O último plano, de 2010, foi um esforço de planejamento para "transformar" a abordagem de desenvolvimento e a direção de planejamento da cidade que estavam em vigor desde a sua gênese. Esse pensamento de planejamento transformador tem influenciado a transformação da cidade em muitas dimensões, incluindo a transformação econômica nas últimas décadas. A elaboração desse plano baseou-se numa reflexão crítica sobre o desenvolvimento rápido e expansivo da cidade, que gerou degradação ambiental, desperdício de recursos e terras e disparidade social, e foi considerado "insustentável". O plano de 2010 identificou, então, quatro desafios — restrições de recursos fundamentais, contradições estruturais no desenvolvimento urbano, fragilidade do modelo de desenvolvimento social e baixa eficiência nos usos estratégicos do espaço — que a cidade enfrenta, e procurou um caminho transformador e sustentável para alcançar uma integração econômica e desenvolvimento social com proteção ambiental. O objetivo de desenvolvimento sustentável do plano de 2010 marcou um afastamento fundamental do anterior paradigma de desenvolvimento da cidade, que tinha seguido uma trajetória de crescimento liderada pela industrialização de base. Em vez disso, apelou à transformação econômica por meio de: (1) fortalecimento das indústrias essenciais de alta tecnologia, finanças, logística e cultura; e desenvolvimento de novas indústrias; (2) aumento da percentagem de despesas em pesquisa e tecnologia no PIB e reforço da capacidade de inovação autóctone das empresas locais; (3) atualização das indústrias tradicionais liderada pela inovação; e (4) desenvolvimento da economia circular e das indústrias verdes. É difícil concluir uma relação de causa e efeito entre essas políticas de transformação econômica e o crescimento de Shenzhen na economia do conhecimento. No entanto, demonstra-se que a transformação econômica e a transformação do planejamento da cidade têm convergido para a mesma direção: uma metrópole internacional da economia do conhecimento e da inovação (Hu, 2019).

Em seu planejamento, a estrutura do sistema Smart City Shenzhen a nível municipal é conceituada em três camadas, ladeadas por salvaguardas para padrões e segurança de rede. A camada inferior é dedicada à geração de dados por meio do Smart City Sensor Grid System, que consiste em uma rede de fontes de dados e infraestrutura de coleta. O círculo externo dessa camada mostra sensores que coletam dados sobre tráfego, qualidade ambiental, imagens de vídeo de vigilância e gerenciamento da rede comunitária. O próximo círculo representa uma infraestrutura em rede composta de Wi-Fi, redes governamentais, redes móveis e IoT. Essa infraestrutura liga-se ao círculo interno de três centros de nuvem para supercomputação, recursos governamentais e dados a nível distrital, respetivamente. Acima do Smart City Sensor Grid System está a camada central da estrutura, que está organizada em torno de dois centros (City Big Data Center e Centro de Gestão de Coordenação de Cidade Inteligente) e duas plataformas (uma para recursos de dados e outra para suporte em nuvem). Os principais centros e plataformas estão rodeados por uma variedade de utilizações de Big Data, incluindo IA, análise de Big Data, visualização de dados e partilha de dados. Na camada superior da estrutura, existem diferentes áreas de governança da cidade que são previstas para aplicações de Big Data, incluindo a prestação de serviços públicos, a segurança pública, a gestão da cidade e a indústria inteligente.

Na governança, em conjunto com a empresa Ping An, o governo municipal lançou o **aplicativo móvel "iShenzhen"**, que lida com mais de 8 mil assuntos administrativos governamentais, desde o pagamento de contas de serviços públicos e multas de trânsito até a gestão de benefícios de habitação e a participação numa loteria com moeda digital. Outra solução interessante implantada é realizada para regulação do comércio alimentar, reduzindo o período de aprovação da emissão de uma licença de restaurante para não mais de uma hora, em vez de semanas durante o processo off-line. No sistema, os candidatos filmam suas instalações com aplicativo que contêm GPS e carimbos de data/hora que permitem à IA determinar se o restaurante cumpre os códigos de saúde e segurança.

Shenzhen é o lar de muitas indústrias que exercem uma pressão substancial sobre os seus recursos hídricos e o meio ambiente. O Departamento de Águas de Shenzhen aplica a estrutura de água inteligente '1 + 4 + N', que consiste em um centro de comando e tomada de decisão, quatro plataformas inteligentes (governo inteligente, despacho inteligente, gestão inteligente e serviço inteligente) e N (múltiplos) módulos de aplicação, o serviço de águas é capaz de adquirir todos os dados e integrar todos os sistemas de água, monitorando e gerindo de forma eficaz e inteligente os serviços hídricos. Em relação aos reservatórios inteligentes, o Departamento construiu uma plataforma inteligente de gerenciamento de reservatórios em parceria com a Huawei para implementar monitoramento automático, relatórios de alarme e gerenciamento inteligente de reservatórios. Esses reservatórios são mantidos e inspecionados usando tecnologia de ponta, incluindo barcos drones movidos a 5G e dispositivos de IA. Explorar a gestão urbana inteligente de rios e lagos também é fundamental para a digitalização da gestão da água urbana. O Departamento de Água de Shenzhen coopera com a Huawei e o Instituto Chinês de Recursos Hídricos e Pesquisa Hidrelétrica para construir um sistema de modelo hídrico multidimensional que usa Big Data e simulação de modelo. Esse sistema ajudará a manter rios e lagos saudáveis em dias claros, deve reduzir a poluição e o alagamento causados por chuvas fortes, ao mesmo tempo que minimizará o impacto das inundações.

No centro de toda iniciativa de cidade inteligente está a necessidade de se tornar mais ágil e sustentável. Em 2017, Shenzhen se tornou a primeira metrópole mundial com frota urbana de ônibus com bateria totalmente elétrica. A cidade possui atualmente a maior frota de ônibus elétrico do planeta, composta de 16.359 mil e-ônibus, superando a frota de ônibus elétrico de cidades importantes, como

New York, Los Angeles, New Jersey, Chicago e Toronto, juntas. A frota de ônibus elétricos é abastecida por 26 estações de recarga, sendo estações de consumo de eletricidade em grande escala. As estações de recarga, na China, a fim de evitar o congestionamento com outras cargas na rede de distribuição, estão conectadas às subestações transformadoras exclusivas (Lin *et al.*, 2019). Cada ônibus elétrico roda 174 km por dia dentro da cidade, por cerca de 14 horas de uso, sendo realizada sua recarga e limpeza nas garagens no intervalo. A autonomia de uma carga completa é suficiente, visto que um ônibus elétrico tem a capacidade de circular 200 km com uma única carga. Com a adoção dos ônibus elétricos, a cidade conseguiu diminuir significativamente a poluição, gerando uma economia que permitiu reduzir os preços de carros e ônibus elétricos. A cidade já conta com mais de 21 mil táxis elétricos, o que representa a totalidade da frota.

O próximo passo para Shenzhen, para os próximos anos, é o lançamento de cem veículos e cem ônibus autônomos que estão em fase de testes. Foi a primeira cidade chinesa a regulamentar o uso de carros sem motorista. A cidade foi a primeira a dispor de 5G na totalidade de seu território e hoje conta com 50 mil estações-base.

3.1.4 Hangzhou

Hangzhou é conhecida pelo seu comércio próspero desde 1100, está geograficamente perto dos portos ao longo da costa atlântica, no extremo sul do Grande Canal Pequim-Hangzhou, com uma herança cultural e uma longa história de transferência de arroz do sul da China até a capital Pequim, além de outros negócios comerciais. No final do século XX, uma empresa de comércio eletrônico chamada Alibaba estava sediada na cidade e, em menos de uma década, a empresa cresceu surpreendentemente e tornou-se uma das maiores empresas de internet da China. Como resultado, talentos, capital e atividades inovadoras em todo o país e no mundo foram atraídos para Hangzhou, promovendo consequentemente a aglomeração de empresas relacionadas a internet, *software*, fabricação de eletrônicos etc., que passaram a representar 30% do PIB da cidade, contando com 36 empresas privadas inscritas nas "500 maiores empresas privadas da China"

A cidade de Hangzhou ficou reconhecida pela implantação da plataforma City Brain da Alibaba, desenvolvida pela empresa em conjunto com o governo municipal e lançado em 2016. Ele faz parte de um conjunto de produtos "cérebros" focados em dados, que inclui o "cérebro industrial" com previsão de manutenção de equipamentos, o "cérebro da aviação" com planejamento de portões, controle de solo e programação de voos, o "cérebro médico" com reconhecimento de imagem e integração de dados médicos, o "cérebro do meio ambiente" com gestão de resíduos e dados ambientais.

Na primeira fase, a tecnologia cobriu 128 cruzamentos de sinalização na principal área urbana, monitorando-os em tempo real 24 horas por dia, enquanto no distrito de Xiaoshan, um distrito suburbano de Hangzhou, essa tecnologia também foi combinada com sistemas de segurança e tratamento de emergência, como dar prioridade às ambulâncias e aos caminhões de bombeiros na passagem e fornecer aos bombeiros informações precisas, como onde estão as torneiras mais próximas dos focos de incêndio e onde estão localizados e distribuídos os gasodutos. O City Brain utilizou dados de sensores em semáforos, com a computação em nuvem sendo usada para processar dados em tempo real coletados da rede de sensores, otimizando o fluxo de tráfego e gerenciando o tempo dos semáforos. Esse controle permitiu a otimização dos fluxos de transporte para veículos de resposta a emergências, como a criação de "corredores de luz verde" por meio da cidade quando é necessário um tempo de resposta rápido. Em 2017, o Alibaba avaliou o efeito da implementação do projeto no ano anterior e descobriu que o tempo médio de viagem do tráfego na área-piloto foi 15,3% menor e a precisão do alarme de emergência foi de 92%. Além disso, relatórios publicados pela TomTom mostram que a classificação de Hangzhou no nível global de congestionamento de tráfego caiu do 16º lugar em 2016 para o 154º lugar em 2019. Desde a implementação do City Brain da Alibaba, os tempos de trânsito nas suas áreas-piloto foram reduzidos em 15%, os tempos de chegada das ambulâncias foram reduzidos para metade e um sistema de vigilância de IA para monitorizar infrações de trânsito reduziu as despesas gerais para a aplicação da lei. Em 2018, o City Brain foi atualizado para a versão 2.0, cobrindo três distritos da cidade e uma cobertura de 420 quilômetros quadrados, com 1.300 semáforos. Uma força de 200 agentes de trânsito está diretamente ligada ao sistema. Os agentes são enviados para incidentes não por meio de ligações, mas automaticamente por alertas de smartphones. O sistema atualizado também atua na prevenção de desastres naturais, rastreando tufões e tempestades antes que atinjam a cidade, modelando seu caminho potencial e ativando sistemas e recursos de respostas a emergências (Caprotti, 2022).

O City Brain foi implantado em muitos estacionamentos de Hangzhou, possibilitando um sistema "estacione primeiro, pague depois" que visa reduzir o congestionamento perto dos principais centros de tráfego. Esse mesmo sistema também é aplicado aos seus hospitais, nos quais os pacientes podem receber o tratamento primeiro e pagar depois. Isso ocorre em conjunto com o Medical Brain do Alibaba, que utiliza IA e Big Data para tratar pacientes (Caprotti, 2022).

O sucesso do projeto City Brain do Alibaba em Hangzhou atraiu a atenção das principais cidades da China. Pequim, Xangai, Tianjin, Macau e Lhasa iniciaram programas-piloto, e Kuala Lumpur, na Malásia, um centro para as operações do Alibaba no Sudeste Asiático, importou a tecnologia.

3.1.5 Guangzhou

Guangzhou é uma das cidades mais tecnológicas da China, sede de 140 mil empresas de tecnologia, muitas no setor de desenvolvimento urbano.

O BRT de Guangzhou foi inaugurado em fevereiro de 2010, sendo o primeiro sistema BRT na Ásia a atingir níveis de substituição do metrô de capacidade e movimentação de passageiros. O sistema transporta em média 800 mil passageiros por dia e, com o

A REVOLUÇÃO DAS CIDADES INTELIGENTES NA CHINA: PERSPECTIVAS
DO DESENVOLVIMENTO URBANO NO SÉCULO XXI

TransMilenio de Bogotá, é o único sistema BRT do mundo a transportar mais de 25 mil passageiros por hora em um único sentido, um número superior ao da maioria das linhas de metrô e de todas as linhas de metrô leve em todo o mundo. Guangzhou implantou um sistema BRT de altíssima capacidade. A movimentação de ônibus ultrapassa 300 ônibus e 15 mil passageiros por hora em um único sentido no horário de pico, uma média de mais de um ônibus a cada 12 segundos, com as estações de BRT de maior demanda com mais de 8 mil passageiros embarcados por hora.

O BRT de Guangzhou foi pioneiro no BRT de "serviço direto" de alta capacidade, no qual os ônibus BRT entram e saem do corredor BRT sem a necessidade de transferência de passageiros. As estações foram projetadas para acomodar ônibus regulares de 12 m, bem como ônibus maiores de 18 m. A combinação revolucionária do BRT de Guangzhou de capacidade muito alta com um modo operacional de serviço direto foi desenvolvida convencendo a cidade a usar esse modo operacional em vez de um modo operacional mais tradicional do modelo tronco-alimentador. O sistema não possui estações ou terminais de transferência. Esse modo operacional está tendo um impacto mundial, à medida que os novos sistemas BRT favorecem cada vez mais o serviço direto em detrimento das operações de alimentação troncal.

Uma parte fundamental do projeto do BRT em Guangzhou é garantir instalações para bicicletas de alta qualidade ao longo do corredor BRT, tornando o ciclismo uma opção mais atraente. Apesar dos problemas com a conectividade das ciclovias, especialmente nos cruzamentos, foi alcançada uma transformação dramática nas percepções da qualidade do ambiente ciclável ao longo do corredor BRT. As instalações para bicicletas incluídas no BRT contam com um sistema de compartilhamento de bicicletas, estacionamento para bicicletas e ciclovias segregadas (embora não sejam contínuas em muitos locais). O resultado foi um grande aumento no ciclismo (o volume de bicicletas duplicou durante os períodos de pico da manhã e da noite entre 2009 e 2014), bem como enormes melhorias na qualidade percebida das instalações para bicicletas.

Na área médica, Guangzhou lançou uma plataforma regional de informação sanitária que recolhe registros de pacientes de cinco hospitais municipais e de outras cinco instituições de base. Atualmente armazena mais de 8 milhões de registros eletrônicos de saúde de residentes. A plataforma permite que hospitais e pacientes acessem facilmente registros de saúde relevantes quando necessário. Os principais hospitais de Guangzhou lançaram um aplicativo médico inteligente, uma plataforma *on-line* completa em que os cidadãos podem marcar consultas, pagar taxas hospitalares e acessar outros serviços de saúde. As pessoas também podem receber medicamentos prescritos em casa, após pagá-los por meio do WeChat Pay.

Guangzhou também lançou a plataforma "Cidade Educacional Digital", um *campus*-piloto inteligente nos níveis primário e secundário. A plataforma em nuvem do *campus* integra mais de 30 sistemas de aplicativos educacionais e armazena mais de 90% dos dados dos professores, bem como todos os registros dos alunos. O sistema permite que os professores gerenciem seus materiais de ensino e pesquisa, enquanto os alunos podem acessar os trabalhos de casa e os registros dos alunos. Foi implementado em 78 escolas, fornecendo serviços essenciais no campus para 150 mil alunos e professores.

Um dos projetos mais ambiciosos que está atualmente em curso na cidade é a construção da Cidade do Conhecimento Sino-Cingapura Guangzhou, que será composta de parques empresariais de alta tecnologia, equipamentos comerciais e públicos e habitações para 500 mil residentes, utilizando os últimos avanços em tecnologias urbanas.

3.1.6 Chongqing

Chongqing, conhecida como a cidade mais populosa da China, com cerca de 33 milhões de pessoas, teve um crescimento industrial agressivo nas últimas décadas, com efeitos adversos para a população.

Durante a década de 1990, alcançou o maior nível de chuva ácida da China, com diversas vulnerabilidades a desastres naturais, em paralelo à chegada de milhões de imigrantes por ano. Como forma de reverter a degradação vinda desse desenvolvimento, desde os anos 2000, a cidade incorpora a perspectiva de um novo modelo de desenvolvimento baseado em cinco pontos estratégicos: estruturação do território, conectividade, inovação, inclusão e crescimento verde. Agora a cidade melhorou suas condições de habitabilidade, transporte e a qualidade de seus espaços públicos.

Em vez de um plano diretor genérico, a estratégia de planejamento passou a olhar a dinâmica da comunidade local e incorporar traços da cultura tradicional chinesa na infraestrutura da cidade. O principal objetivo da revitalização de Chongqing foi melhorar a qualidade do espaço público urbano, renovando a vida nas ruas e ampliando a rede de transporte por meio de um sistema conectado de ruas e espaços verdes. Um plano para os bairros da cidade mudou o foco do tráfego para um sistema dedicado a pedestres e veículos não motorizados. A região central ganhou calçadas mais largas, restrições para circulação de veículos e locais para estacionamento de bicicletas, além de calçadões ao redor dos principais rios da zona urbana. O principal investimento em infraestrutura se deu com medidas simples de identificação de rotas de pedestres pela cidade. Os percursos foram pavimentados, ganharam placas de identificação, iluminação adequada e mobiliário urbano próprio, com bancos e mesas de uso público. Com ações simples para garantir a segurança dos pedestres e um planejamento de rotas que considerasse as dinâmicas da cidade, o projeto conseguiu aumentar o fluxo de pedestres nas ruas e incentivar a vivacidade da metrópole.

Em Chongqing, as pessoas não precisam mais passar um cartão ou escanear o telefone para pegar um trem. O portão se abre após uma rápida varredura em seu rosto e o processo leva menos de dois segundos. Telas grandes mostram o quão lotado está cada vagão do metrô, permitindo que os passageiros decidam em qual embarcar.

Chongqing também vem utilizando sua base industrial de robôs para a inovação urbana. No final de 2017, havia mais de 120 empresas de robôs industriais em Chongqing, formando um sistema completo de pesquisa, testes e sistemas de fabricação, que se tornou uma importante base da indústria robótica doméstica com influência global. Com o lançamento do centro conjunto de inovação urbana de Big Data e do primeiro local nacional de testes 5G, Chongqing se tornará uma importante base de inovação para a economia digital e a indústria inteligente da China no sudoeste da China.

3.1.7 Changsha

Changsha, capital da província de Hunan, está situada a nordeste da província, descendo o rio Xiangjiang. Faz fronteira com as cidades de Yueyang, na província de Jiangxi, ao norte, Zhuzhou e Xiangtan ao sul, Loudi e Yiyang ao oeste, e Yichun e Pingxiang ao leste. Desde a antiguidade, a cidade serviu como um importante centro de produção de grãos na China. Changsha também tem um rico legado histórico, que inclui vestígios de antigas muralhas, cemitérios, templos e estruturas. A cidade está localizada na colorida zona de transição entre a paisagem montanhosa e plana.

Na última década, Changsha coordenou esforços para construir instalações digitais para o desenvolvimento de cidades inteligentes, tais como estações baseadas em 5G, um centro de supercomputação, um centro de IA e nuvem de governo eletrônico, melhorando efetivamente as capacidades de suporte digital. Um total de 27 mil estações baseadas em 5G foram construídas em toda a cidade. Changsha assumiu a liderança no país na construção de uma rede governamental em cadeia. Foi pioneira na operação geral de segurança cibernética em nível municipal e estabeleceu um centro de operações de segurança cibernética urbana.

Uma conquista de Changsa foi construir um "Super Cérebro Urbano" baseado em tecnologia de rede inteligente para fornecer um forte suporte para uma cidade inteligente. Esse cérebro opera os 3.400 veículos inteligentes conectados, os cuidados de saúde inteligentes, pagamento móvel, internet industrial, blockchain e uma economia criativa.

Changsha concentrou-se na construção de uma "cidade livre de certificados" para resolver questões como o mecanismo imperfeito de reconhecimento mútuo e partilha de licenças electrónicas e a falta de diversidade nos locais de aplicação. Por meio da construção de sistemas, partilha de dados e reconstrução empresarial, Changsha promoveu uma série de medidas de reforma, incluindo isenção de certificados, redução de certificados, certificações on-line e impressão off-line gratuita, para facilitar a realização de mais serviços governamentais on-line ou remotamente, tornando todo o processo mais conveniente para o público. Consequentemente, Changsha tem agora 41 tipos de licenças eletrônicas que podem ser acessadas em tempo real, 26 categorias de certificados que podem ser emitidos on-line e mais de 5.088 serviços governamentais que foram isentos ou reduzidos de certificados. Na zona-piloto de livre comércio, foram lançados 25 projetos de aprovação ultrassimples para promover a reforma do desembaraço aduaneiro, promovendo a pré-inscrição, aplicação em duas etapas, inspeção avançada e testes.

O desenvolvimento econômico é a base estratégica para a construção de uma cidade inovadora e para a realização de atividades criativas. A estratégia da cidade é acelerar a transformação inteligente das empresas tradicionais, com equipamentos inteligentes, carros inteligentes, terminais inteligentes e chips de energia para promover o desenvolvimento de alta qualidade da indústria manufatureira. Changsha tem 22 cadeias industriais em indústrias emergentes e foi aprovado como um dos primeiros *clusters* industriais emergentes estratégicos nacionais.

Com 8 milhões de habitantes, Changsha é um centro de inovação que investe significativamente nas suas indústrias culturais e criativas. O setor representa a maior parte da economia local, com 12.815 empresas criativas estabelecidas e 610 mil profissionais, gerando 15% do emprego da cidade. Pela sua natureza transversal e inclusiva, as artes mediáticas em Changsha têm sido uma parte essencial do rejuvenescimento da paisagem urbana, ao mesmo tempo que apoiam a preservação do seu notável patrimônio cultural.

O Parque da Indústria Cultural e Criativa de Vídeo Malanshan da China, também conhecido como Zona V de Malanshan, foi fundado em 2017. A zona foi concebida para ser um centro de primeira classe para a produção de conteúdos culturais e criativos, produção digital e comércio de direitos de autor na China, com competitividade global. Durante aquele ano, oito dos 10 principais programas de variedades com mais de 1 bilhão de acessos na China vieram de Malanshan. Hoje, mais de 3 mil empresas estão localizadas na zona. Malanshan forneceu serviços de computação em nuvem — infraestrutura como serviço (IaaS) e plataforma como serviço (PaaS) no parque. A zona também atraiu empresas líderes em tecnologia 5G, computação em nuvem, IA e blockchain. Essas empresas criam um efeito de *cluster* dentro da zona, o que significa que podem ser clientes e prestadores de serviços umas das outras. Changsha tem mais de 2.400 empresas relacionadas na indústria de IA.

Changsha também construiu uma plataforma educacional inteligente em nuvem, lançou mais de 4 mil salas de aula on-line durante a pandemia e forneceu ensino on-line em sala de aula para 1,08 milhão de alunos do ensino fundamental e médio. A pioneira em IA da China, iFlytek, lançou um sistema de aprendizagem personalizado que usa IA para ajudar os professores a corrigir as provas dos deveres de casa. A partir desse sistema de aprendizagem, pode-se descobrir as deficiências de cada aluno e fornecer programas de aprendizagem personalizados para os alunos melhorarem a eficiência.

3.1.8 Wuhan

Durante a era maoísta da China, a cidade de Wuhan foi designada como área industrial com uma base sólida em indústrias pesadas, como a siderurgia e a fabricação de máquinas. Desde a década de 1980, a abertura das zonas costeiras colocou uma vez Wuhan em risco de ser marginalizada, até que o foco estratégico nacional mudou novamente para as zonas interiores na década de 2000. Desde 2014, a indústria terciária de Wuhan tornou-se um contribuinte maior para a economia da cidade do que a indústria secundária.

Além disso, Wuhan tem 83 instituições de ensino superior, 29 laboratórios científicos estatais, 73 acadêmicos e mais de 100 plataformas nacionais de inovação em C&T. Entre as décadas de 1980 e 1990, acadêmicos locais propuseram sucessivamente às autoridades governamentais o desenvolvimento da indústria optoeletrônica e da indústria de semicondutores. Os líderes de Wuhan naquela altura reconheceram o potencial da indústria das TIC e deram um forte apoio, o que lançou as bases iniciais de fabricação de fibra óptica e chips de memória após 2010. Wuhan também é uma cidade que hospeda mais estudantes universitários do que qualquer outra cidade do mundo, com um número total de 1,68 milhão em 2022.

Em 2011, Wuhan foi selecionada como uma das duas primeiras cidades-piloto no "Programa Cidade Inteligente 863", lançado pelo Ministério da Ciência e Tecnologia e posteriormente selecionada como cidade-piloto para a implementação do projeto de cidade inteligente, respectivamente iniciado pelo Ministério da Ciência e Tecnologia, Habitação e Desenvolvimento Urbano-Rural e Administração Nacional de Topografia, Mapeamento e Informação Geográfica. Baseando-se nas vantagens de inovação da cidade em ciência e tecnologia geoespacial, Wuhan construiu um grande centro de dados espaço-temporal abrangente em toda a cidade, integrando informações básicas, como população urbana, entidade legal, habitação etc., em uma plataforma que pode ser acessada e utilizado por mais de 30 departamentos governamentais, incluindo planejamento urbano, gestão de terras, governança urbana e serviços públicos.

Com enormes bases de dados estabelecidas em projetos-piloto anteriores, a plataforma City Brain trouxe um efeito multiplicador para a cocriação do valor da informação por meio de serviços mais precisos e oportunos em diversas aplicações. O plano identificou seis campos de aplicação principais, que são infraestruturas urbanas, recursos de dados, governo eletrônico, serviços públicos, governação urbana e economia digital, com ênfase central no serviço público centrado no ser humano. Outro exemplo de introdução de bancos de dados geoespaciais existentes no desenvolvimento de aplicações é o Handi Cloud, que foi lançado no WeChat pela secretaria municipal de gestão de recursos naturais. Consistente com os requisitos de utilização do solo no planejamento espacial, uma lista de locais disponíveis é exibida publicamente no "supermercado de terrenos online" para melhor servir os promotores e outras partes interessadas. Essa abordagem pioneira proporcionou um apoio essencial à recuperação econômica de Wuhan após a crise pandêmica, melhorando substancialmente a eficiência e a transparência dos serviços governamentais, tanto na gestão de terras como na promoção de investimentos.

Entre os planos de Wuhan consta a construção de 20 comunidades de cuidados a idosos baseadas em IA serão construídas até 2025. Além disso, para otimizar a distribuição espacial dos serviços públicos, a cidade construirá um novo conjunto de estádios inteligentes, parques de futebol, vias verdes e academias para que todos os residentes da comunidade possam acessá-los a uma distância de 12 minutos a pé.

Cada vez mais, as cidades chinesas colocam dados nas mãos dos utilizadores finais para impulsionar uma melhor tomada de decisões. Eles aproveitam a inteligência coletiva para criar soluções em torno de alguns dos problemas urbanos mais difíceis, uma abordagem de plataforma que permite que os cidadãos utilizem a tecnologia para reimaginar as principais operações da cidade. Essas mudanças democratizam o desenvolvimento das cidades e subvertem os papéis tradicionais dos governos, das empresas e dos residentes. Com os governos evoluindo para facilitadores de soluções, as empresas aumentando o envolvimento e um quadro crescente de cidadãos cocriadores, as cidades inteligentes chinesas serão mais conectadas, interligadas e colaborativas.

Para mobilizar totalmente o entusiasmo do público para descobrir os problemas urbanos e supervisionar a gestão urbana, Wuhan criou um mecanismo de incentivo: os residentes que participassem ativamente na criação da cidade inteligente seriam incentivados com publicidade e prêmios. O governo de Wuhan também estabeleceu uma "plataforma de planejamento público", permitindo ao público participar na formulação da proposta do projeto, e o plano final do projeto refletiu plenamente a opinião pública. Além disso, lançou a "Cloud Wuhan", uma plataforma para o diálogo direto entre o público e o governo.

Em Wuhan, iniciou-se um projeto que passou a ser implementado em outras cidades, em que qualquer projeto de habitação é obrigado a dedicar parte de sua área total para habitação população de baixo aluguel, como forma de incentivar ricos e pobres a viverem juntos e beneficiarem-se igualmente de serviços públicos e transporte.

3.1.9 Outras experiências urbanas

Em Chengdu, a cidade dos pandas gigantes, adotou-se amplamente um sistema sem dinheiro. Foi implementado o "pagamento facial", que permite pagar digitalizando códigos QR e reconhecimento facial em seu telefone ao comprar serviços e mercadorias nas lojas e restaurantes. Além disso, o governo municipal desenvolveu o Tianfu Citizen Cloud, com mais de 10 milhões de usuários cadastrados, a plataforma se baseia nas reais necessidades do público e oferece serviços públicos relacionados a pagamento, como saúde, alimentação, viagens, moradia, trabalho, doença e morte.

Zhengzhou, capital da província de Henan, produz cerca de metade dos iPhones do mundo nas linhas de produção da Foxconn na Zona Econômica do Aeroporto de Zhengzhou (Zaez). É a primeira zona econômica especial da China centrada num aeroporto, permitindo uma logística internacional contínua. A Zaez já tem cinco vezes o tamanho de Manhattan e é responsável por mais de metade das receitas comerciais da província. A cidade de Zhengzhou é também um importante centro de produção de automóveis e soluções de transporte, desde estações de carregamento de veículos elétricos a sistemas de pagamento inteligentes.

A cidade costeira de Ningbo — com quase 8 milhões de habitantes — conta com um dos portos de águas profundas mais movimentados do mundo, juntamente a um enorme mercado interno que impulsiona o crescimento e a inovação. IA, robótica e veículos de novas energias são setores beneficiando-se de uma série de centros de P&D patrocinados pelo governo central em 2018. Ônibus elétricos com supercapacitores projetados em Ningbo — que podem ser recarregados nas estações em rota em apenas 10 segundos — estão sendo lançados em toda a cidade, reduzindo drasticamente o uso de energia e poluição.

A cidade de Wuxi, conhecida como Liangxi e Jinkui nos tempos antigos, é reconhecida como a "Pérola do Lago Taihu". É um dos locais de habitação mais antigos ao sul do rio Yangtze, com uma história que remonta aos últimos anos da Dinastia Shang, há 3 mil anos. A cidade de Wuxi está localizada no interior da planície do Delta do Rio Yangtze, na parte sul da província de Jiangsu. Com o rio Yangtze ao norte e o lago Taihu ao sul, faz fronteira com Suzhou a leste e faz fronteira com Changzhou a oeste, criando a área metropolitana de Su-Xi-Chang.

Um aspecto central da rápida urbanização da cidade é o fato de ter empreendido uma modernização abrangente do apoio empresarial, da infraestrutura de transportes, dos serviços públicos, da construção de habitações e de práticas amigas do ambiente. Wuxi tem sido um impulsionador do desenvolvimento regional e, ao construir 33 complexos urbanos funcionalmente orientados, a cidade tornou-se um centro cultural, social, de entretenimento e comercial.

À medida que desenvolve áreas urbanas e rurais, a cidade de Wuxi investiu fortemente na modernização da sua rede de transportes, construindo três vias expressas, 10 rodovias, sete vias rápidas com extensão de 90 km e 108 estradas principais e secundárias com extensão de 459 km. Além disso, a cidade construiu 14 estações centrais de ônibus e 13 estações de manutenção de ônibus, integrando gradualmente o centro de transporte para a Estação Ferroviária de Wuxi, o centro ferroviário intermunicipal para a parada Huishan, o centro Wuxistation para a ferrovia de alta velocidade Pequim-Xangai e o aeroporto. Wuxi construiu um sistema de transporte de baixo carbono ao expandir o sistema de trânsito ferroviário, com três linhas ferroviárias com uma extensão combinada de 100 quilômetros e a rede ferroviária tem um total de 72 estações para acomodar os seus habitantes, aliviando, assim, significativamente as pressões do tráfego urbano e emissões de poluição.

Wuxi também dedicou vastos recursos e tempo ao desenvolvimento de parques urbanos. Conta atualmente com 75 parques no centro da cidade, incluindo 17 parques ecológicos, como Liangtang River Wetland Park, Xingtang River Wetland Park, Parque Wanshandang Wetland, Parque Ecológico Pailou e Parque Ecológico Xiyanchitou. Além disso, existem 15 parques a nível municipal, 26 parques abrangentes a nível distrital e 17 parques temáticos. Estão sendo construídos outros 23 parques. Espera-se que a taxa de cobertura verde chegue a 46% da cidade.

Em Xining, capital da província de Qinghai, no oeste da China, a empresa de tecnologia ZTE construiu o chamado "Hiper Cérebro da Cidade de Xining", que simplifica efetivamente os serviços governamentais e melhora a eficiência do tráfego e a eficiência da resposta a emergências. A nova "Plataforma Móvel Xining" consiste em módulos de serviços que permitem aos cidadãos acessar mais facilmente os serviços governamentais e supervisionar as operações da cidade, resultando numa redução de 40% no tempo médio necessário para resolver uma consulta. O Xining City Hyper Brain também reduziu o tempo médio de tempo gasto pelos carros nos semáforos, por exemplo — em 25% e reduziu o tempo médio de viagem na cidade em 15%. Isso foi realizado por meio de uma rede de 30 mil câmeras, que monitoram a densidade de pessoas nas principais áreas de negócio, analisam o fluxo de tráfego e implementam planos de precaução e retificação, tais como regulação de semáforos, encerramento temporário de estradas/áreas, reduzindo a pressão do tráfego e evitando congestionamento.

Outra parceria promovida pela ZTE foi com cidade de Yinchuan. No início de 2014, a ZTEsoft, subsidiária de software da ZTE, assinou um contrato envolvendo iniciativas de cidades inteligentes. Os subsistemas que faziam parte do acordo incluem transporte inteligente, vigilância inteligente, comunidade inteligente, proteção ambiental, cartão multifuncional inteligente, turismo inteligente, nuvem empresarial, governo inteligente, centro de análise de Big Data e centro de operação com mapa 3D.

Para Yinchuan, o Big Data é chave para a criação de uma cidade inteligente. Foi criada uma plataforma em nuvem que transforma sua infraestrutura e serviços, como um cérebro da cidade inteligente. Com a plataforma tecnológica da ZTE, conseguiu criar um banco de dados urbano que armazenou informações sobre a população, economia, edifícios e infraestrutura da cidade, além de informações geográficas espaciais. Yinchuan também criou um banco de dados de aplicativos da indústria urbana e uma biblioteca temática que analisa transporte, educação e serviços públicos governamentais. Dessa forma, o compartilhamento de dados entre essas plataformas e da plataforma de Big Data em nuvem transformou a cidade de um governo passivo e reativo para um governo que utiliza, processa e analisa Big Data para tomar decisões informadas, transformando-o em um governo que pode fornecer dados inteligentes e serviços inteligentes para os seus cidadãos.

Foi criado em Yinchuan um centro de serviços governamentais de aprovação administrativa para um centro centralizado de exame e aprovação, separando a aprovação da administração. O processo envolveu mais de 30 escritórios diferentes localizados em diferentes locais da cidade sendo integrados em um centro de serviços governamentais. Isso envolveu 400 aprovações administrativas e serviços públicos diferentes sendo processadas em um ponto central, para que os cidadãos da cidade pudessem receber todos os serviços e aprovações governamentais em um só lugar. Isso significa que cada autoridade agora só precisa de um selo para assumir a responsabilidade pela aprovação. Nesse novo sistema, o centro de serviços governamentais é visitado com uma média de 15 mil pedidos por dia, com 100% de conclusão dentro do prazo. O governo defende que é uma revolução no poder administrativo e não uma simples centralização. É o fim do estilo de administração que tem sido usado por décadas, bem como uma transformação da aprovação descentralizada para serviços centralizados e da administração extensiva para serviços inteligentes. Ao reformar o sistema de aprovação administrativa, mudou a situação de cada departamento administrativo trabalhar à sua maneira ou a necessidade de ter de obter várias aprovações de muitos departamentos para serviços governamentais.

Outro exemplo de urbanismo inteligente em Yinchuan é um complexo residencial inteligente apresentado pelo governo. Nele já havia moradores, então era uma construção do zero, mas a implantação de tecnologia como a utilização de reconhecimento facial para entrada segura no complexo, até o sistema inteligente de gestão de resíduos, por meio da utilização de contentores de lixo com sensores para indicar quando é necessário esvaziar. Os toques adicionais incluíram caixas de correio inteligentes, com opções de armazenamento com temperatura controlada para entrega de alimentos que precisam ser mantidos em determinada temperatura até que o morador vá buscá-los em sua caixa de entrega. Além disso, o complexo também tem um hospital inteligente próprio, com diferentes níveis de atuação, dependendo do diagnóstico baseado em equipamentos de monitoramento dentro do complexo. Tratamentos ou consultas menores podem ser realizados localmente ou por videochamada com um médico, ou podem ser escalonados para tratamento mais especializado nos hospitais relevantes.

Na área de transporte públicos, uma das inovações mais importantes é o ART, ou *Autonomous rail rapid transit, que* embora contenham *rail*, que quer dizer trilho, são veículos que não circulam sobre trilhos, mas, sim, com pneus, como os ônibus.

ARTs são "bondes sem trilhos", pegando inovações do trem de alta velocidade e colocando-as em um ônibus. O veículo ART padrão consiste em três vagões que podem transportar 300 pessoas, mas pode levar cinco vagões e 500 pessoas, se necessário. Substitui o ruído e as emissões dos ônibus pela tração elétrica a partir de baterias recarregadas nas estações em 30 segundos ou no final da linha em 10 minutos. Tem toda a velocidade (70 km/h), capacidade e qualidade de condução do metrô ligeiro com o seu sistema de orientação óptica autônomo, eixos duplos, sistemas hidráulicos e pneus especiais. Pode ser colocado em um sistema rodoviário durante um fim de semana. É vendido como um kit de peças — três carros mais uma estação — que pode ser instalado tão rapidamente quanto o processo de licenciamento da cidade permitiria.

As inovações ferroviárias de alta velocidade transformaram um ônibus em algo com as melhores características do metrô leve e nenhuma de suas piores características. A CRRC desenvolveu esse sistema e iniciou uma primeira operação comercial em Zhuzhou, na província de Hunan, em maio de 2018. A linha ART mais longa da China, a Linha T4 do sistema ART Yibin, em Sichuan, sudoeste da China, iniciou a operação de teste de passageiros em julho de 2023. A extensão total da Linha T4 é de 47 quilômetros. Existem 22 estações terrestres e um estacionamento na linha. Conectando o Novo Distrito de Sanjiang ao Distrito de Nanxi de Yibin, a linha principal é uma estrutura importante para o contato rápido entre a área urbana de Yibin e seu Distrito de Nanxi. O ramal combina transporte de passageiros com passeios de lazer, graças a um corredor paisagístico ao longo do rio Yangtze. Em 2023, abriu-se outro sistema como linha de demonstração em Xi'an, no noroeste da China, província de Shaanxi. A primeira nova linha 1 começa na estação Doumen, no leste, e termina na estação Happy Valley, em uma distância de aproximadamente 12 quilômetros. Em 2023, também foi implantada uma linha em Dubai, nos Emirados Árabes Unidos (EAU). Enquanto a segunda geração é lançada, a primeira geração do "bonde ART" de três seções com autonomia de 245 km está sendo testada com sucesso na Malásia e na Austrália, com contratos para 38 unidades.

O sistema ART tem sido objeto de abordagens constantes sobre a relação entre as características do sistema BRT e do VLT. Em alguns trabalhos se menciona o VRT com um potencial maior de minimizar o congestionamento do que o BRT, uma vez que o VLT pode atrair com maior intensidade as pessoas que utilizam automóveis em seus deslocamentos, devido à imagem que esse sistema transmite quanto ao conforto, aos trens modernos e às estações normalmente localizadas próximas aos pontos de interesse, como centros comerciais. É possível aferir que o ART consegue consolidar as vantagens do BRT e do VLT em um único sistema, ressaltando-se a velocidade semelhante às do metrô leve, a capacidade de transportar mais passageiros do que o BRT, chegando a 500 pessoas, a qualidade da viagem e potencial de desenvolvimento do solo similares ao VRT, custo e tempo de introdução similares aos do BRT, menor possibilidade de interrupção dos serviços locais e impacto na economia durante as obras, menos poluentes do que os ônibus a diesel do BRT. Para quem vê parece um ônibus, para quem anda parece trem. Nele desaparecem os maiores problemas dos ônibus: solavancos, lentidão e vibração. O design se assemelha claramente a muitas características dos modernos bondes de piso baixo sobre trilhos.

Para construir 20 km de trilhos leva cerca de cinco anos e custa cerca de US$ 130 milhões por quilômetro. Por outro lado, bondes sem trilhos podem ser instalados por apenas US$ 10 milhões por quilômetro. Eles podem percorrer estradas existentes e não precisam de trilhos caros e fios aéreos. O custo de implantação do ART tende a ser menor, por não haver a necessidade de construir trilhos ou linhas de transmissão de energia. Como resultado, pode ser construído por menos de 10% do custo do metrô leve. Os ônibus também são mais baratos para operar por viagem de passageiro.

A rápida adoção da tecnologia de mobilidade inteligente em vários setores abriu caminho para uma grande oportunidade de avanço no setor de transportes. Em 2017, a empresa Golden Dragon apresentou o ASTAR, um novo modelo de miniônibus elétrico medindo seis metros de comprimento e dois metros de largura, sendo extremamente ágil e manobrável. Ele já foi implantado na China nas províncias de Zhejiang, Guangdong, Jiangsu, Shaanxi e Fujian, tornando-se parte no transporte urbano. Na cidade de Fuzhou, o ônibus elétrico ASTAR está equipado com dez assentos e pode transportar no máximo 24 passageiros. Atualmente funciona em 12 rotas de micro-ônibus pela cidade e oferece mais comodidade de viagem para mais de 280 mil passageiros todos os meses que precisam viajar entre suas casas e as estações de metrô. Em Longgang, província de Zhejiang, um total de 40 unidades de ônibus elétricos ASTAR cruzam a cidade. Trabalhando em quatro rotas de micro-ônibus, eles conectam áreas comerciais, comunidades residenciais, escolas e mercados de produtos agrícolas da cidade. Os residentes podem facilmente obter os serviços de ônibus simplesmente acenando com as mãos. Em Xiamen, os residentes podem solicitar serviços de transporte ASTAR em seus smartphones, o que economiza muito tempo das pessoas. Graças às tecnologias 5G, os autocarros elétricos ASTAR funcionam sob demanda, aumentando significativamente a sua eficiência. Como ônibus de condução autônoma de segunda geração, o ASTAR atinge o nível 4 de direção autônoma e é capaz de realizar uma série de tarefas exigentes, incluindo evitar barreiras, planejar rotas, ultrapassar outros veículos, estacionamento autônomo etc.

Um outro modelo de miniônibus sem motorista baseado na tecnologia de Veículo Conectado Inteligente (CV) opera no *campus* da Universidade de Nanjing, na China. Tem 4 metros de comprimento, 2 metros de largura e 3 metros de altura, pode levar 12 passageiros com carga total de 3 mil kg. Sem volante, pode circular em ambas as direções e funcionar 14 horas sem escalas.

3.2 Urbanização robótica

A aplicação de robôs urbanos tornou-se uma tendência inevitável no desenvolvimento futuro das cidades. As cidades, estando no centro das mudanças tecnológicas alimentadas pela revolução industrial da automação e a inteligência artificial, estão a implementar uma série de tecnologias para enfrentar uma vasta gama de desafios urbanos. Nesse contexto, os robôs autônomos são integrados na paisagem urbana para fornecer soluções mais inteligentes, sustentáveis e eficazes em muitas áreas, tais como entrega de mercadorias, coleta de lixo, limpeza de janelas, inspeção e reparação de tubulações de serviços públicos, mobilidade ou tarefas policiais e de segurança.

A indústria robótica da China teve um desenvolvimento robusto nos últimos anos graças a esforços incessantes. Entre 2016 e 2020, a indústria robótica da China cresceu rapidamente. Em 2020, a produção de robôs industriais atingiu 212 mil unidades. Em 2020, a densidade de robôs de produção, uma métrica utilizada para medir o nível de automação de um país, atingiu 246 unidades por 10 mil pessoas na China, quase o dobro da média global. A produção de robôs de serviço do país atingiu 6,46 milhões de unidades em 2022, enquanto a de robôs industriais totalizou 443 mil unidades. Na China, os robôs de serviço têm sido aplicados em vários setores em larga escala, incluindo os setores da saúde, da construção e dos cuidados a idosos. Robôs de serviço doméstico, como robôs de limpeza e robôs de purificação de ar, ganharam popularidade à medida que os consumidores chineses buscam uma vida doméstica mais inteligente.

A China é o maior mercado de robôs do mundo e tem os cenários de aplicação mais ricos para robôs do planeta. No início de 2023, o governo chinês revelou um plano para promover e acelerar o uso da robótica na fabricação, agricultura, arquitetura, logística, energia, saúde, educação, serviços para idosos, serviços comunitários comerciais, aplicações de emergência e ambientes extremos. Mais esforços serão feitos para o avanço dos robôs de serviço doméstico, abrangendo tarefas como cozinhar, limpar, monitorar e fornecer companhia, com mais cenários de aplicação a serem explorados e a interação entre robôs e usuários a ser aprimorada, de acordo com o plano. Impulsionada por novas tecnologias como a inteligência artificial, a realidade virtual e o 5G, bem como por políticas de incentivos, a China está acelerando os seus esforços para expandir os cenários de aplicação urbana para a sua indústria robótica. Até 2024, os robôs industriais foram aplicados em 52 categorias industriais, incluindo automóveis e eletrônica, enquanto os robôs de serviço e especiais têm sido amplamente utilizados em setores como logística, educação e entretenimento.

Existe um corpo crescente de literatura sobre as implicações dos aspectos da automação e da robótica para as cidades, especificamente focadas na vigilância urbana, no perfil social e étnico e na governança algorítmica, ou nas oportunidades e desafios apresentados pelos carros sem condutor (Veículos Autónomos — AVs) e drones (Veículos Autônomos Não Tripulados — UAVs). No entanto, a tendência tem sido olhar para aplicações discretas dessas tecnologias, em vez de possibilidades para uma reestruturação robótica e automatizada mais sistémica da cidade. No entanto, existe pouco foco em perspectivas que considerem a robótica e a automação em diferentes domínios urbanos, ou que examinem todo o potencial (e limitações) dessas tecnologias para abordar questões urbanas contemporâneas. Esses desenvolvimentos estão produzindo tecnologias com diversas aplicações, estão em rede e trabalham em estreita colaboração com as pessoas. Já se fala em uma Indústria 5.0 centrada em combinar a criatividade e o trabalho artesanal dos seres humanos com a velocidade, produtividade e consistência dos robôs. Se as tecnologias "inteligentes" incorporam uma lógica computacional em que os computadores são programados para executar tarefas, os sistemas autônomos utilizam técnicas como a percepção visual, o processamento da fala e da linguagem natural, a IA e a aprendizagem automática. Por isso, em vez de ver essas duas dimensões como separadas, a gestão de sistemas automatizados e a robotização dos serviços urbanos devem ser entendidas como operando em conjunto em múltiplos domínios da vida urbana. A robótica e a automação fazem agora necessariamente parte de uma agenda crítica de investigação urbana. Juntas, essas transformações criam possibilidades para ecossistemas urbanos ampliados de automação e robótica (Hunt, 2018).

Uma das principais características da nova urbanização chinesa é o uso intenso de "robôs urbanos", com todo um fluxo de trabalho de robôs em diversas áreas de aplicação. *Em diversas cidades chinesas, os robôs passam a estar no cotidiano da vida urbana.* Carros e comboios sem condutor, robôs de serviço em lojas, drones que entregam refeições ou compras, farmacêuticos automatizados e impressão 3D são apenas alguns dos sinais mais visíveis de cidades que incorporam robôs. Porém, também são usados para tarefas rotineiras sob supervisão humana, tarefas perigosas ou em ambientes inacessíveis, veículos de passageiros sem condutor e até tarefas de interação social envolvendo robôs que entretêm, ensinam, confortam e cuidam de crianças, idosos, autistas e pessoas com deficiência. Dessa forma, robôs têm o potencial de aumentar as capacidades humanas.

Uma das indústrias que mais utiliza robôs é a logística, graças à robusta expansão do e-commerce. Empresas desenvolvem diferentes tipos de robôs para ajudar na coleta e transporte de pacotes em seus armazéns. Num armazém da JD.com em Pequim que envia centenas de milhares de pacotes diariamente, a utilização de robôs ajudou a aumentar a eficiência em até cinco vezes. A precisão dos robôs de classificação de pacotes atingiu impressionantes 99,9%.

Os robôs também podem ser usados para salvar vidas — um nicho de mercado, mas extremamente útil em situações desastrosas. As empresas chinesas desenvolveram uma série de robôs especiais para heróis da vida real que arriscam suas próprias vidas pela segurança de outras pessoas, desde bombeiros até equipes de resgate. Na cidade de Pequim, pelo menos 300 empresas estão desenvolvendo robôs desse tipo.

Diversos robôs também podem operar na zeladoria das cidades. As tubulações de drenagem são uma parte importante da infraestrutura urbana. Para garantir que a rede canalizada urbana permaneça desobstruída, a manutenção da rede canalizada de drenagem é muito importante. E a inspeção de tubulações é uma parte importante da manutenção de tubulações urbanas. O sistema robótico de dragagem inteligente para tubulações de drenagem urbana garante a operação e manutenção da rede de tubulações por meio da otimização dos módulos funcionais e do modo de controle inteligente. Esses robôs podem tirar imagens para auxiliar inspeções, além de medir a qualidade e a pressão da água, detectar a presenta de diversos gases. Drones também são utilizados para inspecionar riachos e aterros sanitários.

Existem robôs de saneamento não tripulados 5G que podem detectar e rastrear automaticamente o lixo, varrer e lavar a estrada, bem como coletar e transportar o lixo. Eles costumam utilizar percepção visual, algoritmos de IA e tecnologia de reconhecimento inteligente, combinados com uma plataforma de gerenciamento *back-end* controlada em nuvem, para fornecer serviços de limpeza abrangentes, eficientes e inteligentes para parques urbanos, estradas e complexos comerciais em múltiplas áreas.

Na área de agricultura vertical, a China lançou a maior fazenda vertical do mundo, a primeira "fábrica autónoma de vegetais" na cidade de Chengdu, capital da província de Sichuan. Num edifício de 20 andares, com grandes prateleiras verticais e centenas de painéis de LED. Pode-se combinar diferentes quantidades de luzes vermelhas, azuis, amarelas, quase ultravioletas e quase infravermelhas durante diferentes estágios do ciclo de vida da planta, com um banco de dados de 1.300 combinações para 72 tipos de culturas. As fazendas internas podem "produzir" vegetais mais rapidamente, independentemente do ambiente circundante. Ela utiliza 16 robôs com procedimentos totalmente automatizados e pode cultivar e colher uma colheita de alface em apenas 35 dias, graças a um sistema de controle baseado em IA que pode ajustar a quantidade de luz e fertilizantes fornecidos às plantas.

Quando se trata de transporte, os sistemas autônomos estão em vários estágios de maturidade. No final de 2022, a China já tinha 32 linhas de metrô totalmente automatizadas em 16 cidades. Robôs também estão sendo implementados em inúmeras estações ferroviárias e aeroportos.

Os robôs da polícia de trânsito têm capacidades de vigilância, são concebidos para interagir diretamente com os carros estacionados, movendo-os para áreas designadas para otimizar os espaços de estacionamento e facilitar um fluxo de tráfego mais suave. Esses robôs estão equipados com sensores, câmeras e algoritmos avançados que permitem monitorar as condições do tráfego em tempo real.

Na área de segurança, diversos robôs já atuam no apoio de patrulhamento pelas cidades. O E-Patrol Robot trabalha na estação ferroviária leste de Zhengzhou, na província de Henan. O robô está equipado com uma série de câmeras e, possui sensores embutidos para detectar incêndios além de reconhecer centenas de criminosos em potencial ou pessoas suspeitas. Outro robô urbano, o AnBot, foi implantado em 2023 no Aeroporto Internacional de Shenzhen com quatro câmeras integradas para verificações de segurança.

Robôs de serviço cumprimentam as pessoas em locais turísticos com informações em mais de 20 idiomas.

Em Guangzhou, um restaurante opera com 46 robôs inteligentes, apresentando centenas de pratos preparados por chefs robôs, incluindo robô de cozinha, robô de cozimento de arroz em panela de barro, robô de bebidas, robô de fritura, robô de hamburguer, robô de sobremesa e robô de entrega de pratos, operando todo o processo de serviço. No momento em que os clientes entram no restaurante, o robô de saudação que fica na entrada para guiar os clientes até às suas mesas de jantar, o robô bartender que serve um copo de *cocktail* com os seus braços mecânicos. Os clientes podem ver os robôs chefs por meio de uma parede de vidro transparente que divide o restaurante em área de jantar e área de cozinha.

As praias populares de Shenzhen, como Dameisha e Xiaomeisha, têm torres de salva-vidas inteligentes equipadas com câmeras de vigilância e reconhecimento de imagem com tecnologia de IA para ajudar a garantir melhor segurança nas praias.

Umas das tecnologias para cidades inteligentes é a implementação de edifícios inteligentes, instalados em novas construções ou adicionando tecnologias em edifícios já existentes. Um edifício inteligente é aquele que utiliza processos automatizados para controlar automaticamente as suas operações. A tecnologia inteligente permite a automação predial ou o controle centralizado automático do aquecimento, ventilação e ar condicionado de um edifício, iluminação e outros sistemas por meio de um sistema de gerenciamento predial.

A IoT, IA e Modelagem de Informações de Construção (BIM) são três tipos principais de tecnologia utilizados. As tecnologias IoT são importantes para a construção inteligente porque são ferramentas que podem proporcionar benefícios potenciais por meio do monitoramento de dados em tempo real, tais como sensores de temperatura, ferramentas de monitoramento climático, níveis de poluição atmosférica e sistemas de segurança e vigilância. Com a IoT, as empresas alcançam conformidade regulatória e melhoram o gerenciamento de custos. Por meio de soluções de IoT, o aprendizado de máquina e os aplicativos são usados para tornar as coisas mais eficientes. A IA permite que a tecnologia obtenha um nível de consciência cognitiva. Isso significa que a IA pode imitar a forma como o cérebro humano entende objetos e ambientes, ou o que é chamado de *aprendizagem profunda*. Por meio do reconhecimento de padrões e da correlação desses padrões, os computadores podem recomendar condições para melhoria e manutenção do edifício. Os aplicativos de IA estão sendo usados para coletar grandes quantidades de dados por meio do processamento de dados coletados de ferramentas IoT. Os sistemas de IA aprendem com quaisquer padrões presentes e usam esses padrões para tomar decisões para o edifício. O BIM permite que uma empresa reúna vários tipos de dados sobre um edifício para análise, a fim de orientar a eficiência e melhorar as operações. Ele pode coletar dados desde informações ambientais até hábitos de uso dos residentes e assim por diante. Esses dados permitem um planejamento mais fácil e uma análise preventiva para ajudar na antecipação de problemas e na maximização de recursos.

Também existem vários segmentos de produtos na categoria de casa inteligente, incluindo assistentes domésticos, eletrodomésticos, fechaduras, dispositivos de áudio, painéis elétricos e cortinas elétricas inteligentes. As casas nas cidades chinesas estão ficando cada vez mais inteligentes. De fechaduras de impressão digital a robôs aspiradores e babás inteligentes para animais de estimação, Big Data e sistemas de assistência residencial inteligente baseados em IA estão gradualmente entrando nos lares chineses médios. A receita de casas inteligentes na China deverá atingir US$ 43 bilhões até 2026, com um volume de usuários esperado de 142,1 milhões e uma taxa de crescimento anual de 15,87% de 2022 a 2026. Os dispositivos domésticos inteligentes podem ser divididos em seis segmentos, dependendo das suas funcionalidades e utilização pretendida, incluindo conforto e iluminação, gestão de energia, entretenimento doméstico, controle e conectividade, segurança e aparelhos inteligentes.

Fundada em 2010, a Xiaomi, sediada em Pequim, não só construiu a terceira maior marca de smartphones do mundo em pouco mais de uma década, como também se tornou pioneira no mercado chinês de dispositivos para casa inteligente. Ela vende mais de 1.500 produtos para casa inteligente em seu site, a maioria dos quais são mais baratos do que os disponíveis nos principais concorrentes. Fundamentalmente, todos eles podem ser controlados com um único aplicativo, com dispositivos inteligentes da máquina de lavar aos cabideiros, dos fornos às cortinas, tudo está conectado a um aplicativo móvel.

3.3 Cidades-esponja

Com a expansão da área urbana, muitas cidades enfrentam problemas ambientais, em especial escassez de recursos hídricos, falta de reservas de águas subterrâneas, poluição da água e alagamento urbano. A água é um dos recursos naturais mais desperdiçados. Trilhões de galões de água precipitam-se sobre as cidades do mundo apenas para serem desviados para sistemas de drenagem que a transportam para lagos, rios e oceanos distantes. Ao mesmo tempo, as cidades bombeiam água de fontes distantes ou de aquíferos que estão a esgotar-se rapidamente em todo o mundo. Além disso, esses sistemas de drenagem são muitas vezes inadequados, causando inundações em massa que só se intensificaram à medida que as cidades continuam a expandir-se e as mudanças nos padrões climáticos resultam em tempestades mais frequentes e mais intensas.

Um dos principais responsáveis pela noção de "cidades-esponja" é o arquiteto paisagista Kongjian Yu. Ele ganhou reconhecimento internacional por projetos e medidas para enfrentar e prevenir inundações urbanas no contexto de mudanças climáticas aceleradas. A sua investigação pioneira sobre os "padrões de segurança ecológica" e as "cidades esponja" foi adotada pelo governo chinês como teoria orientadora para o planejamento nacional do uso do solo, campanha de cidades ecológicas e restauração ecológica urbana. O conceito virou política nacional na China em 2013, dando prioridade a infraestruturas de grande escala baseadas na natureza, tais como zonas húmidas, vias verdes, parques, copas de árvores e proteção de florestas, jardins de chuva, telhados verdes, pavimentos permeáveis e biovalas. Embora a China tenha experimentado sistemas de reutilização de água urbana em massa durante mais de uma década, só quando Xi Jinping declarou que as cidades "deveriam ser como esponjas" é que nasceu o movimento das cidades-esponja. Desde então, 16 cidades-piloto foram selecionadas para fazer parte de um programa nacional para criar cidades-esponja. As cidades chinesas são obrigadas a manter 30% da cidade como espaço verde. Outros 30% são dedicados ao espaço comunitário (Liu, 2024). Para Yu, isso significa que há mais espaço suficiente para criar mais lagoas e parques de absorção de água que possam captar grandes quantidades de água.

> É isto que estou a tentar fazer: inverter a abordagem ao planejamento do desenvolvimento urbano e regional. O planejamento convencional baseia-se no crescimento populacional e é orientado para o desenvolvimento econômico. O desenvolvimento passa a ser o foco. Você atribui uma certa quantidade de terreno para desenvolvimento e nova infraestrutura que permite o desenvolvimento. Esse é o modelo convencional de planejamento urbano. A minha ideia sobre a abordagem negativa, ou abordagem invertida, é que a paisagem deve liderar o caminho, o que significa que devemos planejar e conceber infraestruturas ecológicas. Esta deve ser a base para o desenvolvimento urbano e ocorrer antes de qualquer outro planejamento ser feito. Este tipo de plano salvaguarda o processo ecológico e o património cultural. Isto significa que integramos sistemas de gestão de águas pluviais, áreas de inundação, conservação da biodiversidade, locais de património cultural, corredores verdes, etc.

> Todos juntos. Nós os integramos em uma espécie de infraestrutura[1].

Para Yu (2003), a identidade de cada cidade é dada pela natureza. Em segundo lugar, é dado pela história. A identidade vem de diversas paisagens e sistemas naturais. A ideia por trás de uma cidade-esponja é reestruturar a paisagem urbana para ser um local onde cada gota de água possa ser coletada e reutilizada localmente. Portanto, em vez do procedimento habitual de desviar a água da chuva das áreas urbanas com esgotos pluviais e sistemas de drenagem, uma cidade-esponja absorverá esse recurso vital como uma esponja. Isso é feito com concreto poroso, pelo qual a água da chuva pode penetrar no aquífero raso ou nas cisternas submersas abaixo e com jardins (às vezes nos telhados) que podem reter a água no solo ou desviá-la para tanques de retenção. Essa água capturada pode então ser reaproveitada como água potável, de limpeza ou de irrigação. As águas pluviais devem ser captadas utilizando infraestruturas verdes na sua fonte, onde caem. As esponjas devem ser distribuídas uniformemente e permeáveis para que possam absorver água em vez de transferi-la para outro lugar. Para ele, o problema na China é que alguns designers e engenheiros estão a construir parques, mas não a desenvolver a capacidade necessária de gestão de águas pluviais.

Yu produziu um livro didático para milhares de prefeitos da China que, segundo ele, concordam com a abordagem. Sua empresa, Turenscape, com 400 pessoas, conseguiu de forma surpreendente construir centenas de espaços públicos e parques ambientalmente sensíveis que forneceram os serviços ecológicos e de infraestruturas suaves de zonas húmidas recriadas diante da vertiginosa urbanização da China nas últimas três décadas. O seu trabalho já está ganhando força em toda a China, com mais de 600 projetos construídos e políticas nacionais recentemente adotadas que viram projetos de cidades-esponja construídos em dezenas de grandes cidades chinesas.

---

[1] YU, K. Interview with Kongjian. American Society of Landscape Architects. Nova York, 2023. Disponível em: https://www.asla.org/contentdetail.aspx?id=20124. Acesso em: 12 set. 2023.

Num canto da cidade de Harbin, em rápido crescimento, no nordeste da China, uma vasta paisagem de azul e verde é visível entre os blocos habitacionais e os arranha-céus de uma metrópole que abriga 10 milhões de pessoas. O local, um parque de 80 acres, é um pedaço raro da natureza em um ambiente urbano denso que quase sufocou a existência desse bolsão de pântano natural. Mas uma intervenção trouxe o local de volta à beira do abismo. Ao filtrar as águas pluviais da urbanidade que o rodeia para o parque e usar plantações naturais, hábitats e lagoas de retenção de água, o parque tornou-se uma paisagem viva capaz de absorver as chuvas da cidade. Plataformas elevadas e caminhos pedestres oferecem aos visitantes vistas dessa zona húmida recriada que, talvez sem eles se aperceberem, ajuda a proteger a cidade de inundações desastrosas.

Os parques fluviais de Kongjian Yu tornam-se verdadeiras "máquinas paisagísticas resilientes", operando por meio de tecnologias naturais para salvaguardar as cidades, protegendo-as de inundações frequentes, pois a água gerada pela enchente é retida, permitindo assim um fluxo controlado dentro dos parques, deixando a cidade intacta. Encontramos nesses projetos um recurso precioso e fundamental para contrariar os efeitos nocivos da frequência cada vez mais conhecida de eventos climáticos extremos.

3.4 Ecocidades

Talvez os projetos mais ambiciosos de desenvolvimento urbano que lidem com as alterações climáticas na China, integrando a sustentabilidade ambiental com o planejamento urbano, sejam as ecocidades, ou *ecocities*. Essas cidades são concebidas como modelos de desenvolvimento sustentável, procurando enfrentar os desafios prementes da rápida urbanização, da degradação ambiental e das restrições de recursos. Com a sua ênfase em tecnologias verdes, infraestruturas de baixo carbono e práticas ecológicas, as ecocidades chinesas esforçam-se por criar ambientes urbanos habitáveis, harmoniosos e ecologicamente conscientes. O governo chinês, por meio de várias iniciativas e políticas, incentivou o desenvolvimento de ecocidades em todo o país, promovendo-as como vitrines de desenvolvimento urbano sustentável e motores de crescimento econômico. Começou com alguns desenvolvimentos experimentais para testar novos projetos urbanos verdes e sistemas tecnológicos sustentáveis, mas em poucos anos se tornou um movimento que tomou todas as regiões da China. A China agora conta com o maior programa de desenvolvimento de cidades ecológicas do mundo, o que resultou numa diversidade de estratégias de desenvolvimento em diferentes cidades.

Uma distinção fundamental entre o desenvolvimento das cidades ecológicas chinesas e os programas globais reside no nível de envolvimento do governo central. Enquanto os projetos globais de ecocidades são tipicamente fragmentados e singulares, iniciados pelos governos locais, o desenvolvimento de ecocidades chinesas é ativamente incentivado e promovido pelo governo nacional, resultando em um grande volume de recursos e projetos. Ao contrário do modelo ascendente normalmente encontrado em projetos globais, em que os governos locais fazem lobby pelo reconhecimento nacional, os projetos chineses seguem uma abordagem descendente, implementando projetos a nível local que respondem às metas e políticas nacionais existentes. Como consequência, os projetos de cidades ecológicas chinesas tendem a ser de maior escala e ter continuidade em etapas. Embora o desenvolvimento global de cidades ecológicas se concentre frequentemente na modernização dos espaços urbanos existentes, as iniciativas da China envolvem predominantemente a construção de novas cidades a partir do zero, abordagem impulsionada principalmente pela necessidade de enfrentar os desafios da rápida urbanização no país. Devido à sua escala ambiciosa, os projetos de cidades ecológicas chinesas normalmente têm prazos de construção mais longos e exigem maiores investimentos e fluxos de financiamento. O uso de energia renovável é uma prioridade fundamental, com foco em energia solar, eólica, bioenergia e hidrelétrica. Os esforços para melhorar a eficiência energética abrangem diversas iniciativas, tais como sistemas de calor reciclado, redes inteligentes e edifícios verdes. Os programas de reciclagem também são integrados nas ecocidades chinesas. A tecnologia ambiental é frequentemente o principal meio de atingir as metas de sustentabilidade da cidade, com as ecocidades servindo como campos de teste para novas tecnologias urbanas.

Yichun foi nomeada a primeira cidade ecológica experimental na China em 1986. Ela não foi construída do zero, mas incorporou medidas importantes e precursoras no sentido do desenvolvimento ecológico. É uma cidade com nível de prefeitura na província de Heilongjiang, ocupando 33.000 km² e uma população de 1,15 milhão. Durante várias décadas, deu uma contribuição sensível ao desenvolvimento da China, fornecendo quase 20% do fornecimento total de madeira nacional. No entanto, devido à desflorestação excessiva, os recursos florestais esgotaram-se e as indústrias florestais entraram em colapso. Desde 1948, Yichun forneceu um total de 270 milhões de metros cúbicos de madeira ao país, resultando em erosão do solo, deslizamentos de terra, secas frequentes, inundações, ventos desastrosos e tempestades de poeira. Isso teve um efeito desastroso no meio ambiente, com uma diminuição de uma variedade de espécies. Após diversas medidas, ela voltou a ser uma cidade que se transforma pelas florestas. Em 2005, ela foi listada como cidade-piloto para uma transição econômica. Depois, a atividade madeireira foi proibida, levando a menos recursos, fechamento de 75% das companhias e 35 mil desempregados. Para ajustar a estrutura industrial, foram promovidos metalurgia e mineração, agroflorestas e turismo ecológico como novos pilares da economia local. Agora 83,8% de sua jurisdição é florestada. Com base nesses recursos naturais únicos, Yichun posicionou-se para se tornar um ponto turístico e desenvolveu vigorosamente o ecoturismo florestal. Moradores locais abriram pousadas e restaurantes familiares e sentiram os benefícios disso com melhorias contínuas em suas vidas. Nos últimos seis anos, Yichun recebeu mais de 65 milhões de visitas turísticas.

A principal *ecocity* chinesa em construção hoje é a Tianjin Ecocity, uma *joint venture* entre a China e Singapura, com construção iniciada em 2008 e data de conclusão prevista para meados da década de 2030. A cidade é planejada para 350 mil habitantes.

São incorporados 26 fatores de avaliação de desempenho baseados em padrões chineses, cingapurianos e internacionais. Materiais e projetos de construção sustentáveis são utilizados na construção, atendem pelo menos 20% de suas necessidades energéticas através de fontes renováveis, reciclagem de 60% dos resíduos, metade da demanda de água por meio de dessalinização e água reciclada além da redução do uso de automóveis em 90%. A localização da cidade foi escolhida como um exemplo de transformação ecológica ao construir uma cidade que pudesse resistir aos desafios relacionados à água na região árida.

Outras experiências desse tipo são o distrito de Chenggong, em Kunming, um empreendimento planejado para incorporar indústrias de baixo carbono, produção de energia renovável e arquitetura e tecnologias verdes; em Chengdu, a Nova Área de Tianfu é uma experiência de desenvolvimento sustentável para integrar as áreas agrícolas rurais ao redor da cidade com o centro urbano, numa expectativa de 80 mil habitantes, incluindo utilização de fontes de energia verdes, redução da poluição industrial e reciclagem de esgoto e resíduos. A área é conhecida como uma "cidade sem carros" devido à criação de uma rede de transporte público que se destina a responder por metade das viagens, embora os carros não sejam proibidos. Além disso, a Nova Área de Tianfu foi concebida como uma cidade-esponja para mitigar inundações e reciclar a água da chuva.

Existem cerca de 250 projetos de cidades ecológicas chinesas em curso. A maior delas é Xiong'an, que será a nova capital e que está sendo construída para ser a mais avançada *Smart Eco-Safe City* da China e do mundo.

3.5 Xiong'an: a nova capital

O governo central estabeleceu uma região urbana em torno de Pequim, já concebida na década de 1980 como Jing-Jin-Ji, reunindo a cidade portuária de Tianjin a 11 distritos da província vizinha de Hebei. Tianjin é um porto em expansão e recebeu uma zona especial de livre comércio. O projeto incluiu a criação da zona econômica especial Xiong'an, a uma distância igual de Pequim e de Tianjin, para onde muitos funcionários da administração central serão transferidos. Economicamente, Pequim ainda está atrás do Delta do Rio das Pérolas (Guangzhou, Shenzhen, Hong Kong) e de Xangai. Essa nova cidade deverá tornar-se uma zona econômica especial, com investimentos maciços para promover *clusters* de investigação e inovação (Big Data, biotecnologia) com possivelmente 7 milhões de habitantes. Outras cidades na fronteira de Jing Jin Ji, como Lanpfang ou mais ao sul, Shijiazhuang, estão se tornando centros logísticos gigantescos para toda a região.

O Comitê Central do Partido Comunista da China e o Conselho de Estado anunciaram em 2017 a decisão de estabelecer a Nova Área de Xiong'an na província de Hebei. O projeto da Nova Área de Xiong'an tem o apoio do Presidente Xi Jinping e de outros líderes importantes na China. Sendo um plano do milênio, um projeto com significado nacional, é a primeira Nova Área Nacional a ser estabelecida em escala nacional no século XXI, seguindo os passos da Zona Econômica Especial de Shenzhen e da Nova Área de Pudong em Xangai. A Nova Área de Xiong'an, a cidade do futuro da China, procura ser uma cidade de vanguarda que proporciona inteligência inovadora, uma ecologia verde e bem-estar (felicidade e habitabilidade) com base num plano de ultralongo prazo, que vai até 2035.

Para preparar o plano da cidade após o anúncio da diretriz mestra em abril de 2018, o governo da província de Hebei adotou um sistema que garantiria um planejamento de alta qualidade, convidando mais de mil especialistas da China e do exterior, 200 equipes e mais de 2.500 engenheiros, estabelecendo uma série de instituições de planejamento, avaliação e verificação da Nova Área, um grupo de peritos em consulta de planejamento, instituições de aconselhamento e verificação a nível nacional e um comitê de peritos do governo provincial.

O design de Xiong'an também infunde elementos da cultura tradicional chinesa na arquitetura moderna, refletindo a ênfase de Xi na "autoconfiança cultural". O Comitê de Gestão da Nova Área de Xiong'an ordenou "três construções proibidas em Xiong'an — sem edifícios altos, sem florestas de cimento, sem paredes de cortina de vidro". Embora existam alguns arranha-céus, as alturas serão controladas na maioria das áreas. As diretrizes de projeto urbano exigem novos "quarteirões de cinco minutos", permitindo que os residentes tenham acesso a clínicas médicas comunitárias, instalações de cuidados para crianças e idosos e uma série de outros serviços de balcão único dentro de uma caminhada de cinco minutos.

Foi elaborado o sistema "1+4+26", um plano de série composto de uma única diretriz mestre (Diretriz para Planejamento da Nova Área de Hebei Xiong'an), quatro planos gerais regionais e setoriais e 26 planos especializados para aspectos como prevenção de inundações, resposta a desastres, energia e transporte integrado. Os quatro planos globais regionais e setoriais incluem planos faseados para a concepção espacial e trabalhos de construção, é composta de três condados da província de Hebei, Xiong, Rongcheng e Anxin, bem como algumas áreas circundantes. O desenvolvimento abrange 1.770 km² no total e foi planejado com base no conceito de "um centro, cinco auxiliares, múltiplos nós". O "centro" é a área inicial de Xiong'an, com 198 km², que formará a sua cidade propriamente dita. Os cinco auxiliares são o condado de Xiong, o condado de Rongcheng, o condado de Anxin, a vila de Zhaili e a cidade de Zangang, que estão localizados fora da área de inicialização. Os "nódulos múltiplos" referem-se às muitas pequenas cidades e aldeias pitorescas da região. A área de startup também inclui uma área inicial de 38 km², em que a construção será iniciada e que servirá como área modelo de inovação para a cidade.

A missão da Nova Área de Xiong'an como cidade de inovação é alcançar o desenvolvimento sinérgico de uma região internacional líder em ciência e tecnologia, indústrias inovadoras, pesquisa e desenvolvimento, finanças modernas e recursos humanos. Consequentemente, a transferência das funções não capitais de Pequim para a Nova Área de Xiong'an será realizada principalmente por instituições relevantes, a maioria das quais pertence aos seis campos seguintes:

1. instituições de pesquisa científica, incluindo grandes universidades, laboratórios de importância nacional e centros de inovação de importância nacional;

2. instituições de saúde, incluindo hospitais de primeira classe e instituições líderes de pesquisa médica;

3. instituições financeiras, incluindo sedes de negócios financeiros;

4. software, telecomunicações, design, consultoria, logística, comércio eletrônico e outras sedes corporativas em empresas de serviços avançados;

5. empresas centrais, privadas e de tecnologia em indústrias de tecnologia avançada envolvidas em tecnologia da informação de próxima geração, biomedicina, biossaúde, meio ambiente com eficiência energética e pesquisa e desenvolvimento de materiais avançados;

6. parque científico Zhongguancun da nova área de Xiong'an.

Essas instituições e empresas devem se transformar num centro de inovação, por meio de medidas para facilitar o estabelecimento de empresas públicas e privadas e o arranque de empresas de risco em setores emergentes, bem como medidas para o recrutamento e formação de talento. O objetivo da construção de uma cidade inteligente na Nova Área de Xiong'an é realizar o planejamento e a construção sincronizados de uma cidade física e de uma cidade digital, apoiada por infraestrutura adequada a um novo estilo de cidade inteligente e infraestrutura urbana tradicional. A infraestrutura apropriada para um novo estilo de cidade inteligente na Nova Área de Xiong'an refere-se principalmente à infraestrutura de próxima geração, como sistemas de detecção inteligente em toda a cidade (IoT), redes de telecomunicações de próxima geração (5G), redes urbanas plataformas de nuvem e big data, capacidade de computação urbana e cérebros urbanos (IA). Como não existe nenhum precedente em qualquer parte do mundo que possa servir de modelo para a construção de uma cidade inteligente a partir do zero, a Nova Área de Xiong'an empreendeu medidas exploratórias e práticas pioneiras numa variedade de áreas com base na experiência da construção de outras cidades inteligentes extraídas extensivamente da China e de outros lugares. Em particular, isso envolveu pesquisas conjuntas sobre padrões de construção de cidades inteligentes em parceria com grandes universidades, instituições de pesquisa científica e design, e empresas de construção em setores como informação, construção, transporte e finanças, com a Nova Área de Xiong'an publicando oficialmente o primeira edição do regime de normas para a construção de cidades inteligentes em 2020 (Shen, 2020).

Refletindo conceitos centrados nas pessoas, o plano para a Nova Área de Xiong'an estabelece uma estrutura hierárquica de serviços comunitários por meio da construção de três níveis de centros de serviços públicos (comunitários, distritais e de bairro) para proporcionar aos residentes educação cultural adequada, cuidados médicos, segurança social e serviços de assistência social. A comunidade da área inicial, por exemplo, está planejando seis zonas habitacionais compostas de zonas de 15 minutos com um raio de serviço de cerca de 1 km, uma área de cobertura de cerca de 3 km, e servindo uma população de aproximadamente 50 mil habitantes, proporcionando instalações como um centro de transferência entre serviços de transporte público, escola secundária, centro de serviços de saúde, centro de atividades culturais, centro de serviços comunitários, centro de fitness público e centro de cuidados a idosos.

O sistema de transporte é projetado com uma rede ferroviária intermunicipal que liga o Aeroporto Internacional Daxing de Pequim e a estação ferroviária de Xiong'an, a maior estação ferroviária da Ásia. A estação foi inaugurada em dezembro de 2020 e levou apenas 2 anos para ser construída. As novas características incluem o uso extensivo de concreto aparente, autossuficiência em energia de iluminação, paredes de plataforma com absorção de som e IA para gerenciamento de edifícios em tempo real. A equipe de construção focou na gestão e no controle de qualidade durante toda a entrega, com uso extensivo de técnicas de construção inteligentes, que incluíram computação em nuvem, IoT, Big Data, IA, internet móvel e tecnologia de modelagem de informações de construção. O resultado é um centro de transporte de classe mundial entregue em tempo recorde.

Com uma área construída de 475.200 m², a estação é a maior da Ásia até agora. Possui 606 m de comprimento de norte a sul, 355,5 m de largura e 47,2 m de altura (Zhang, 2022). O corpo principal do edifício da estação tem cinco pisos, sendo três acima do solo e dois subterrâneos. De cima a baixo, existe uma sala de espera elevada, ao nível da plataforma, sala de espera ao nível do solo, área de desenvolvimento comercial e espaço reservado para a linha ferroviária urbana M1. Existem 13 plataformas e 23 trilhos no total, com sete plataformas e 12 trilhos para o novo serviço norte-sul Pequim-Xiong'an de 91 km, quatro plataformas e sete trilhos para o serviço leste-oeste Tianjin-Xiong'an e dois plataformas e quatro pistas para o metrô expresso R1/R2. Usando visualização 3D e pesquisas com drones, a equipe de construção conseguiu planejar e gerenciar com eficiência a logística, a configuração de equipamentos em grande escala, o armazenamento de materiais e as instalações de construção temporárias para garantir uma construção rápida (Wang, 2021a).

A estrutura geral do edifício tem uma resistência sísmica de até magnitude 8,5. O grande teto elíptico da estação e o piso elevado da sala de espera são feitos de aço estrutural (Yin, 2019). Foram utilizadas cerca de 131 mil t de aço de alta qualidade, com elementos individuais pesando até 33 t e espessura de até 80 mm. O grande telhado de treliça de aço em forma de elipse, cujo tema de design foi "orvalho em um lótus verde", é revestido por uma mistura de painéis de vidro para luz natural e painéis fotovoltaicos (PV) para iluminação elétrica. Existem 17.700 módulos fotovoltaicos na cobertura, cobrindo uma área de 42.000 m². A capacidade total instalada do sistema é de 6 MWp (megawatt de pico) (Wang; Yang, 2021) e gera mais de 5,82 GWh por ano para iluminação de estações e outros requisitos de energia de estações. O excedente de eletricidade é enviado para a rede elétrica local. Há também um sistema inteligente de controle de iluminação, que ajusta automaticamente o brilho das luzes elétricas de acordo com o clima, a intensidade da luz natural e o volume de passageiros.

A construção e as plataformas tecnológicas de Xiong'an são realizadas principalmente por empresas estatais (SOE). O Grupo Xiong'an foi criado em 2017 como uma empresa para ajudar a construir a infraestrutura básica da cidade, com empréstimos dos quatro grandes bancos da China e do Banco de Desenvolvimento da China. O desenvolvimento habitacional tem sido realizado principalmente por empresas públicas como China Merchants, China Resources Land e Poly Group e China Rail Construction. Entre os primeiros grandes escritórios a iniciar a construção recentemente estão as sedes de várias empresas estatais, incluindo o China Satellite Group, a geradora de energia Huaneng e a Sinochem. As três grandes empresas estatais de telecomunicações (China Mobile, China Telecom e China Unicom) criaram parques de pesquisa em Xiong'an. Por exemplo, a China Telecom está construindo o seu "Parque Industrial de Cidade Inteligente". O Xiong'an Innovation Research Institute, uma filial da Academia Chinesa de Ciências, também está em construção em Xiong'an. E a China Communications Construction Company (CCCG) está transformando um terreno ao redor da estação ferroviária de Xiong'an em uma "Cidade de Inovação Científica e Tecnológica". No final de 2022, o centro de computação da cidade de Xiong'an, conhecido como o cérebro da cidade, tornou-se operacional. Oferece serviços de rede, computação e armazenamento para big data, blockchain e Internet das Coisas.

No contexto do desenvolvimento da civilização ecológica, o estabelecimento da Nova Área de Xiong'an tem uma missão importante em termos de transformação e avanço da urbanização na China. Um dos objetivos da construção de novas áreas é estabelecer um padrão de espaços urbanos que entrelaçam o azul (zonas úmidas) e o verde (florestas, terras agrícolas e relva) para integrar a água e a cidade, dando prioridade ao ambiente ecológico e sendo rigoroso no desenvolvimento verde. O objetivo é atingir indicadores de desempenho verde até 2035 que incluam uma percentagem de espaços azuis e verdes superior a 70%, 40% de cobertura florestal e ter 100% de disponibilidade de serviços de instalações de espaços públicos num raio de 300 metros na área de arranque. Com um ambiente ecológico, a criação de um sistema de transporte inteligente e de uma cidade inteligente irá aderir rigorosamente aos princípios do desenvolvimento ecológico verde. Para alcançar o desenvolvimento urbano verde, a cidade está implementando fundações verdes por meio da adoção abrangente de construção social que economiza água, construção de cidades esponjas, popularização de edifícios verdes, uso de materiais de construção verdes, separação de águas pluviais e residuais, águas residuais cíclicas e resíduos processamento e reciclagem, fornecimento de energia elétrica gerada por energia renovável e construção de sistemas de aquecimento diversos e limpos.

De acordo com o princípio de dar prioridade ao ambiente ecológico, o projeto de florestação Qiannian Xiulin, ou Floresta do Milênio, tem área total plantada com mais de 20.000 h (200 km^2). Por meio da limpeza de resíduos em cursos de água e do controle da liberação de poluição pelas empresas, a qualidade da água na área central do Lago Baiyang melhorou. O Lago Baiyangdian, o maior ecossistema de zonas úmidas do norte da China, está localizado em Xiong'an. Após o estabelecimento da nova área, a qualidade da água em Baiyangdian foi melhorada do Nível V, o mais baixo do sistema de avaliação de água de cinco níveis da China, para o Nível III. Mais de 31 mil hectares de florestação foram implementados com mais de 23 milhões de plantas cultivadas em viveiros na área, aumentando a sua taxa de cobertura florestal. De acordo com o planejamento urbano, os cidadãos de Xiong'an não precisarão andar mais do que 300 metros de suas casas para chegar a um parque, a um cinturão de árvores a 1 km e a uma floresta a 3 km.

Isso deve criar um ambiente no qual as pessoas possam viver vidas confortáveis e descontraídas por meio da construção de vias verdes para pedestres e ciclistas que conectem os espaços verdes, parques e estradas de uso único na cidade. O Plano Diretor de Xiong'an prevê que o distrito central de Qibu de Xiong'an seja dividido em "cinco grupos" dispostos em um eixo leste-oeste. Combinada com um eixo central norte-sul, a forma da cidade assemelha-se aos conceitos de planeamento imperial chinês vistos na própria cidade antiga de Pequim, bem como ao plano diretor de Shenzhen de 1986, que foi organizado numa série de enclaves leste-oeste.

Xiongan foi descrita como "três cidades": a cidade acima do solo, a cidade subterrânea e a cidade na nuvem. A cidade subterrânea são os corredores de serviços públicos que foram colocados sob as estradas principais e transportarão redes de água e eletricidade, bem como espaço para entrega logística automatizada. A "cidade na nuvem" refere-se ao gêmeo digital de Xiongan, uma cópia digital virtual que está sendo construída paralelamente à construção da cidade real. Esse gêmeo digital deverá permitir uma melhor navegação de tráfego em tempo real, melhor manutenção de infraestrutura e sistemas tecnológicos e um gerenciamento de tráfego e outros sistemas urbanos baseado em algoritmos. Se seus planos forem realizados, Xiong'an vai se tornar um modelo para um novo tipo de urbanização na China, com impactos abrangentes no resto da China e do mundo.

4

PERSPECTIVAS DAS CIDADES INTELIGENTES CHINESAS NO SÉCULO XXI

As características do sistema de planejamento urbano de uma nação refletem geralmente o ambiente socioeconômico e político geral em que opera. Ou, dito de outra forma, a economia política da sociedade define a necessidade do planejamento urbano e delineia as medidas às quais o planejamento urbano pode eventualmente recorrer. Numa sociedade orientada para o livre mercado, a necessidade de planejamento urbano decorre da existência de externalidades e da necessidade de fornecer bens públicos. Numa economia planificada, o planejamento urbano é percebido como uma ferramenta para "traduzir" o objetivo do planejamento econômico para o espaço urbano. A diferença na necessidade de planejamento resulta em diferentes características de planejamento. Geralmente, numa economia liberal de mercado, os direitos de propriedade privada devem ser protegidos e a propriedade privada não deve ser tomada para uso público sem justa compensação. Assim, o planejamento urbano é geralmente passivo. O planejamento sob o conceito de "poder de polícia" é utilizado para prevenir usos indesejáveis da terra. Embora recentemente, no âmbito da parceria público-privada, a capacidade de iniciar um projeto específico por parte do governo tenha aumentado, o governo ainda tem poder limitado na promoção de um padrão de crescimento desejável.

A natureza do desenvolvimento nacional baseado no socialismo de mercado influi decisivamente na forma como as cidades inteligentes cresceram na China — com planejamento de longo prazo, ação estatal, industrialização, avanços sociais e tecnológicos, coordenação em regiões e clusters focados em suas vantagens comparativas, alta seguridade social, investimento massivo em infraestrutura, empresas nacionais e universidades, redes de energia e transporte de ponta integrando todo o país.

A nova urbanização da China mostra algumas tendências principais. Em primeiro lugar, a nova urbanização com características chinesas tornou-se um consenso generalizado, passando de um grave atraso para um movimento precipitado, da aproximação cega aos países desenvolvidos para a coincidência com a realidade da China, da urbanização centrada na terra para a urbanização centrada no ser humano. O eixo central da cidade inovadora e mais inteligente da China é orientado para as pessoas. Em segundo lugar, a nova urbanização é uma abordagem crucial para resolver a contradição entre o desenvolvimento desequilibrado e inadequado e as necessidades cada vez maiores das pessoas por uma vida melhor. Em terceiro lugar, a abordagem da cidade inovadora e mais inteligente da China centra-se na promoção da integração tecnológica, integração de dados e integração empresarial, esforçando-se para quebrar ilhas de informação e segmentação de dados, promovendo a partilha e integração de dados, a integração de tecnologias de informação de nova geração, como a internet, Big Data, IoT, computação em nuvem, IA e blockchain nos serviços de gestão urbana, resultando na melhoria do nível de governança e serviço urbano. Em quarto lugar, o mecanismo da cidade inovadora e inteligente da China é a coordenação, que não é uma simples informatização dos departamentos governamentais da cidade, mas para coordenar a governança urbana por meio da interconexão, ligação vertical e horizontal, de modo a promover a realização de níveis cruzados, gestão e serviços colaborativos inter-regionais, intersistemas, interdepartamentais e interempresariais. Em quinto lugar, a essência da cidade inovadora e inteligente da China é a inovação, que consiste em usar a nova geração de tecnologia da informação para forçar o sistema de gestão irracional, a estrutura de governança, o modo de serviço e o layout industrial da cidade a se tornarem mais razoáveis, otimizados, transparentes e eficientes.

Na China, as cidades inteligentes passaram a ser vistas como uma estratégia-chave para promover a industrialização, a urbanização, a inovação e o crescimento econômico. Trata-se de estratégias para utilizar a ciência e a tecnologia modernas no planejamento urbano, na construção, na gestão e na operação. O principal objetivo é integrar vários recursos de informação e melhorar a gestão urbana e o nível de serviço, bem como promover a transformação da indústria.

Liu e Wu (2023) apontam que, no nível teórico, são propostas e explicadas três gerações de evolução das cidades inteligentes. Com o rápido desenvolvimento de novas tecnologias de informação, a Smart City 1.0 centra-se na digitalização da informação, melhorando a velocidade, amplitude e precisão da disseminação da informação e estabelecendo as bases para alcançar uma percepção generalizada, interconectividade de todas as coisas e inteligência abrangente. Smart City 1.0 preocupa-se principalmente com a digitalização de dados de informação para integrar diversos tipos de dados em toda a cidade, facilitando seu compartilhamento e uso. Essa geração dá maior ênfase à conversão digital de formas de informação, permitindo que a informação seja divulgada de forma mais rápida, ampla e precisa por meio da rede (Liu; Wu, 2023).

Com essa base, a Smart City 2.0 quebra as barreiras de dados entre departamentos, consegue a integração e a aplicação generalizada de dados massivos, de múltiplas fontes e heterogéneos, e promove a transformação inteligente e a modernização de vários campos, fornecendo energia inesgotável para o desenvolvimento econômico e transformação industrial. A Smart City 2.0 concentra-se em mudar a forma como a informação é recolhida e processada. Utilizando tecnologia de informação de nova geração, como a IoT, computação em nuvem, processamento de Big Data e análise inteligente, é construído o Modelo de Informação da Cidade, que integra planejamento urbano, construção, gestão e operação. O resultado é uma capacidade de processamento de informações mais abrangente e robusta, permitindo produção e fabricação inteligentes, gestão urbana e operação de serviços. Além disso, essa versão dá a devida atenção aos fatores ambientais, como as humanidades e as instituições, as mudanças nos modelos de governação urbana e a expansão das aplicações de tecnologia inteligente nos domínios sociais urbanos, bem como a integração entre os sistemas urbanos (Liu; Wu, 2023).

A Smart City 3.0, com base nas conquistas do 2.0, regressa ao propósito fundamental de melhorar a vida das pessoas nas cidades, enfatiza a participação pública na governança urbana e atinge verdadeiramente os objetivos de harmonia, habitabilidade e inteligência. A Smart City 3.0 prioriza cidades centradas nas pessoas. O conceito de construção de cidades inteligentes deve regressar à raiz dos serviços urbanos para aumentar a sensação de acesso, felicidade e segurança dos residentes. Ao expandir a participação pública, racionalizar a escala governamental e capacitar o estatuto de sujeito urbano das pessoas, esta geração pretende promover a inovação do paradigma da civilização urbana. A futura construção de cidades inteligentes deve encorajar a ampla participação do público, pois é uma necessidade objetiva para o desenvolvimento econômico e o progresso social da cidade. Além disso, esse é um requisito essencial para que a cidade melhore a sua competitividade e atratividade (Liu; Wu, 2023).

As cidades inteligentes de ponta da China estão sendo transformadas em cidades "superinteligentes", que já não se concentram apenas em obter inteligência urbana por meio de tecnologia avançada e fusão de dados, mas com mais ênfase na sustentabilidade e resiliência urbana e visões centradas no ser humano para criar uma cidade eficiente, harmoniosa e sustentável. As cidades "superinteligentes" podem ser medidas por quatro dimensões: primeiro, se têm um plano estratégico de longo prazo; segundo, se são apoiadas por infraestruturas tecnológicas adequadas; terceiro, se conseguirão manter um desenvolvimento verde sustentável; e quarto, se têm uma capacidade ilimitada de inovação. As principais cidades superinteligentes da China estão agora se transformando em quatro setores principais:

- no setor da energia, está sendo construído um sistema de energia limpa com múltiplas fontes de energia, redes, cargas e armazenamento;

- no setor da construção, a eficiência energética dos edifícios está sendo melhorada e implementada uma gestão hipo-carbónica que abrange todo o ciclo de vida da concepção, construção, operação e demolição;

- no setor industrial, será promovida a inovação tecnoló-gica para otimizar e modernizar a estrutura industrial e melhorar a utilização dos recursos energéticos;

- no setor dos transportes, considerando as reduções estru-turais, técnicas e de emissões, as cidades estão promovendo novos veículos energéticos, melhorando a construção de infraestruturas relacionadas e promovendo o desenvolvi-mento de sistemas de transporte inteligentes.

Também está em marcha o objetivo de construir cidades com instalações e plataformas inteligentes fornecendo dados para a pre-venção de desastres e gestão de emergências. Incorporando funções resilientes na construção de cidades superinteligentes, estão sendo criadas plataformas integradas de gestão "inteligente-resiliente" e sistemas de previsão e alerta precoce. Cada vez mais cidades chinesas têm priorizado a resiliência no período do 14º Plano Quinquenal: Pequim, Xangai, Nanjing, Hefei e Changsha formularam regulamen-tos correspondentes de concepção, sistemas de avaliação e resposta a emergências de alto nível. Em tempos normais, o governo monitora cuidadosamente áreas de alto risco, como o estresse estrutural de pontes e túneis e a pressão dos oleodutos, com parâmetros precisos. Utiliza métodos digitais e inteligentes para prevenir e controlar riscos de acordo com o algoritmo do mecanismo de evolução de acidentes. As cidades superinteligentes também serão capazes de ligar de forma inteligente os fornecedores aos consumidores e proporcionar aos cidadãos cenários de consumo mais diversificados.

Outra dimensão que vem se desenvolvendo com a emergência do novo urbanismo chinês acontece desde meados dos anos 2000, numa mudança de qualidade do movimento da urbanização chinesa, passando a transbordar as fronteiras do país (Chu, 2020). Esse processo faz parte de um projeto chinês que busca estimular o consumo e o setor de serviços, incrementar o consumo diário e espalhá-lo para cidades menores. Além do controle do crescimento das grandes cidades e a promoção do desenvolvimento coordenado das grandes, médias e pequenas cidades, eles marcam a virada chinesa em direção às megarregiões (Harrison; Gu, 2021). O planejamento urbano centra-se na conexão de cidades-chave nacional e internacionalmente, e não mais em cidades individuais. O Plano Ferroviário Nacional de 2004, que propôs eixos verticais e horizontais de trens de alta velocidade (expandido nos anos seguintes), expressa essa mudança. Projetos como o Plano Nacional de Sistemas Urbanos (2005-2006), o Plano Nacional da Área Funcional Principal (2010-2014) e o Novo Plano de Urbanização (2014-2020) começam a projetar a urbanização chinesa para além de seu território (Harrison; Gu, 2021). Aos poucos, a busca por estender funções de uma cidade global para cidades do centro e do oeste e por aprofundar a conexão com a Indo-China, Ásia Central, Rússia e a Europa Central vai ganhando corpo (Chu, 2020).

A maior iniciativa desse período é a Belt and Road Initiative (BRI) — Nova Rota da Seda. Esse projeto, lançado por Xi Jinping, representa uma direção à expansão de capital, em um processo de extensão mundial da urbanização chinesa, que demanda um novo regime de comércio mundial amparado em políticas de coordenação econômica que fomentem a conectividade da Ásia, da Europa e da África, de modo a promover investimento e consumo, além de criar demanda e oportunidades de emprego. A iniciativa segue a operação do mercado, suas regras e normas internacionais, e atribui a ele um papel decisivo na alocação de recursos, em que os governos são agentes importantes para o processo. Xu e Niu apontam que a urbanização, baseada no desenvolvimento da economia doméstica, e a BRI, focada na abertura ao mundo externo, deveriam, portanto, ser analisadas de forma conjunta. O projeto sinaliza uma expansão das aglomerações urbanas da costa leste para as regiões central, oeste e sudeste, eixo que influencia a urbanização da Ásia Central, do oeste da Ásia, do Sudeste Asiático e do sul desse mesmo continente. Dessa forma, as transformações urbanas na China sinalizam centralidade da urbanização não apenas para o desenvolvimento chinês, mas também para seu processo de extroversão (Xu; Niu, 2018).

Kuala Lumpur, na Malásia, se tornou a primeira cidade fora da China a adotar o sistema de cidade inteligente do Alibaba para aumentar a eficiência da gestão do tráfego na cidade, permitindo a coleta de dados em tempo real, integração de dados de tráfego em tempo real de centenas de câmeras de trânsito. A ação visa aumentar a eficiência do fluxo de tráfego e permitir que os sinais de trânsito respondam à passagem de veículos de emergência (Szewcow; Andrews, 2018). Outro projeto com envolvimento da China é a Cidade de Pearl na Baía de Manila, nas Filipinas, que integra hardware e software para permitir que talentos internacionais e locais dos setores financeiro, cultural, educacional e médico cresçam e se integrem (Salicka, 2018). São 407 hectares de terra que pretende construir a maior cidade inteligente autossustentável da Ásia. Com conclusão prevista para 2030, essa cidade planeja acolher mais de 500 mil cidadãos e criar mais de 100 mil empregos. A nova cidade de Yangon no Miammar é outra iniciativa. Construída em 88 quilômetros quadrados de terreno, é concebida como uma "Cidade Produtiva, Cidade Habitável", com infraestruturas de classe mundial e de alta qualidade. A nova cidade de Yangon é uma expansão da cidade de Yangon, a cidade mais densamente povoada de Mianmar. A expectativa é que, até 2050, a cidade de Nova Yangon terá 1,2 milhões de habitantes e proporcionará 900 mil empregos.

Uma das principais motivações para Nairobi e Mombaça (ambas no Quênia) ao adquirirem as tecnologias de Cidade Segura da Huawei foi reduzir as taxas de criminalidade nas cidades. Mais de 60 países estão utilizando os sistemas de segurança com IA, como Kenya, Laos, Mongólia, Uganda e Uzbequistão. Também existem outras áreas de cooperação e construção de projetos de cidades inteligentes, na área de transporte, trânsito, habitação, comunicação, equipamentos eletrônicos.

Na África, já são dezenas de projetos de habitação e urbanização. A parceria China-Angola levou ao projeto de Kilamba com

20 mil apartamentos e outras 150 mil unidades para as outras 18 províncias. O plano operacional é elaborado pelo governo angolano com as obras sendo executadas por empresas chinesas. São 155 projetos num custo estimado de US$ 6 bilhões. Além dos centros urbanos, são 2.500 km de estradas e 40 sistemas de abastecimento de água. Na América Latina, construtoras chinesas vêm realizando diferentes projetos, como a habitação do Phoenix Park Industrial Estate em Trinidad e Tobago, a construção de 920 casas na Nicarágua, investimento de US$ 50 bilhões na Venezuela entre 2008 e 2022 em projetos de habitação social, construção de 2.932 casas para pessoas que sofreram com o terremoto em Esmelradas e Manabí em 2016 no Equador, com investimento chinês de US$ 60 milhões, e o investimento de US$ 500 milhões no Suriname, para a construção de mais de 8 mil casas civis e infraestrutura. como estradas, redes de água e eletricidade e centros comerciais.

Esses projetos cumprem com o esforço para proporcionar benefícios tangíveis aos países participantes. Assim, uma forma de cooperação entre projetos nos países do Sul Global deve ser vista não como uma competição para ver quem consegue construir as cidades "mais inteligentes", mas sim como uma oportunidade para reduzir a desigualdade urbana global. Quando comparamos o atual estágio de urbanização da China — acompanhada pela industrialização, pelo crescimento da produtividade e crescimento econômico de todo o país — com o que acontece na maior parte da África e América Latina, com problemas típicos de uma rápida urbanização, com industrialização e crescimento econômico largamente limitados, compreendemos que, ao estudar a experiência de urbanização da China, podem surgir algumas lições políticas gerais, tanto em termos do que funcionou como do que deveria ser evitado.

Em primeiro lugar, o bem mais valioso de uma cidade é o terreno onde ela está situada. À medida que mais pessoas se deslocam para as cidades e mais investimentos são feitos, a terra torna-se um recurso cada vez mais escasso e de maior valor. Quando os governos dispõem das ferramentas para captar esse valor crescente, os terrenos também podem ser uma das fontes de receitas mais importantes para uma cidade. Se for reinvestido na cidade, poderá aumentar ainda mais o seu valor e desencadear um ciclo virtuoso positivo. Foi desse ciclo de captura do valor da terra que o governo chinês conseguiu tirar partido durante a sua urbanização. Para tal, instituiu importantes reformas no sistema de propriedade da terra: antes da década de 1980, o governo era o único proprietário e utilizador da terra, o que impedia transações formais de mercado. Contudo, a partir do final da década de 1980, a propriedade global da terra por parte do governo foi efetivamente separada dos direitos de utilização. Esses direitos de uso poderiam então ser leiloados aos moradores urbanos por um período fixo de tempo (geralmente 40-70 anos) para desenvolver a terra. Além disso, como o governo continuava a ser o proprietário final da terra, poderia retirar os direitos de uso, com compensação adequada, sempre que necessitasse da terra no interesse público. Essa grande reforma no sistema fundiário teve dois efeitos principais: primeiro, permitiu um sistema mais baseado no mercado para alocar terras para uma utilização mais eficiente e valiosa, sem oferecer plenos direitos privados sobre elas. Em segundo lugar, as receitas provenientes do sistema de leilões permitiram aos governos locais capturar o valor da terra e investir ainda mais em infraestruturas para cidades em crescimento. Em muitas cidades latino-americanas e africanas, os títulos de propriedade não são facilmente comercializáveis devido a sistemas complexos de posse de terra, muitas vezes com numerosos direitos sobrepostos e estruturas administrativas opacas.

Outra diferença importante nos processos de urbanização da China e da América Latina e África é a habitação. Enquanto na América Latina e na África a falta de habitação a preços acessíveis resulta no aumento dos bairros autoconstruídos, numa favelização crescente, o processo de urbanização da China incentivou a emergência de um próspero mercado imobiliário privado. Em algumas cidades chinesas, o excedente de habitação é tão grande que podem acomodar mais quatro meses a mais quatro anos de urbanização. Vemos pela experiência chinesa a importância de criar incentivos para os intervenientes públicos e privados no desenvolvimento da habitação. Além disso, também exige acordos de financiamento que libertem capital para apoiar este desenvolvimento. Na China, isso levou ao maior desenvolvimento de habitação de elevado rendimento, mas com a garantia de que houvesse habitação acessível suficiente também para os residentes com rendimentos mais baixos.

Uma das áreas mais pertinentes para aprender é a forma como o governo nacional chinês capacitou as suas cidades, num sistema de coordenação efetiva, para experimentarem e assumirem riscos no desenvolvimento de políticas para melhor satisfazer as necessidades dos seus contextos locais. Isso envolveu uma descentralização real não só das funções administrativas, mas também das fiscais. Além disso, os funcionários públicos locais foram incentivados a experimentar e o seu desempenho foi monitorizado de perto. Assim, alcançaram-se alguns resultados muito bem-sucedidos, que depois moldaram grande parte do processo de urbanização chinês.

A construção de cidades inteligentes oferece uma grande oportunidade para os países do Sul Global impulsionarem o desenvolvimento inovador, e a China está liderando essa tendência. Embora muitos países em desenvolvimento também estejam a avançar na construção de cidades inteligentes, o avanço da China é mais rápido e mais amplo. A experiência urbana chinesa pode fornecer lições valiosas para cidades de todo o mundo, devendo ser conhecida e compreendida. Nas últimas décadas vêm sendo realizados milhares de projetos-piloto de cidades sustentáveis, inteligentes, habitáveis, sanitárias, esponja, seguras, criativas, ecocidades do zero, novos territórios urbanizados e socialmente justos. As cidades inteligentes chinesas realizam um novo modo de urbanização e uma nova etapa da tecnologia da informação, podendo se tornar um veículo eficaz para promover a inovação municipal e regional nos países do Sul Global.

Há cem anos, Londres exportou o metrô para o mundo. Paris exportou o esgoto. Nova York a rede elétrica. Agora as cidades chinesas têm se destacado numa fundação digital para se tornar a base das cidades futuras. Após anos de construção de cidades mais inteligentes e desenvolvimento inovador, surgiram vários destaques características e aplicações inovadoras chinesas, como o "Cérebro da Cidade", "Código de Saúde", "serviço governamental on-line unificado", centro de gestão de operações urbanas, o hospital na Internet, uso da robótica na inovação urbana, cidades-esponja etc., fornecendo alternativas de cidades inteligentes em diversos campos. Por isso mesmo, cada vez mais as cidades inteligentes são áreas para disputa geopolítica entre os países, pois, no futuro, as cidades inteligentes chinesas vão ser muito diferentes das cidades inteligentes no Ocidente. É possível que ocorra a emergência de dois tipos de cidades inteligentes, numa competição entre países, empresas e sistemas políticos e sociais.

Em termos de desenvolvimento urbano, todos deveriam estar voltados para a China na corrida para desenvolver cidades inteligentes, com suas perspectivas únicas sobre como a tecnologia pode ser usada para melhorar o espaço público e criar bens públicos. Existe muito a aprender com as cidades inteligentes na China, que devem continuar construindo no século XXI um tecido urbano que a humanidade nunca viu antes.

REFERÊNCIAS

AGLIETTA, M.; BAI, G. **China's development**: capitalism and empire. London: Routledge, 2013.

ARTIGAS, Á. **Vigilância, tecnologias inteligentes e o desenvolvimento de soluções para cidades seguras**: o caso das empresas chinesas de TIC e sua expansão internacional para mercados emergentes. Barcelona: Institut Barcelona d'Estudis Internacionals, 2017.

BAI, X.; JING, C.; SHI, P. "Landscape Urbanization and Economic Growth in China: Positive Feedbacks and Sustainability Dilemmas". **Environmental Science & Technology**, [s. l.], v. 46, n. 1, p. 132-139, 2012.

CAPROTTI, F.; LIU, D. Urbanismo de plataforma e a cidade inteligente chinesa: a coprodução e territorialização do Hangzhou City Brain. **GeoJournal**, [s. l.], v. 87, p. 1.559-1.573, 2022.

CAVERNA, D. *et al.* **Mapeando os Gigantes da Tecnologia da China**. Sydney: Instituto Australiano de Política Estratégica, 2019.

CHEN, M. *et al.* Progress of China's new-type urbanization construction since 2014: A preliminary assessment. **Cities 78**, [s. l.], 2018.

CHU, Y. China's new urbanization plan: Progress and structural constraints. **Cities Magazine**, [s. l.], v. 103, 2020.

DANG, A. *et al.* Estado da arte do novo tipo de cidade inteligente e tendência da China. **Revista Mundo da Informação Geográfica**, Pequim, v. 4, 2017.

DONG, H.; LI, X.; ZHANG, R. Características espaciais e temporais e fatores impulsionadores da eficiência da inovação verde na Grande Baía Guangdong-Hong Kong-Macau. **Revista de Economia Geográfica**, Pequim, v. 41, 2021.

FENG, Y.; WU, F.; ZHANG, F. O desenvolvimento de veículos financeiros do governo local na China: Um estudo de caso de Jiaxing Chengtou. **Política de Uso do Solo**, Jiaxing, 2022.

FERREIRA, D. L. L. *et al.* O investimento do governo chinês em energia limpa e projetos ambientais. *In*: CONGRESSO BRASILEIRO DE PLANEJAMENTO ENERGÉTICO-CBPE, 9., 2014, Florianópolis. **Anais [...]**. Florianópolis: CBPE, 2014.

FU, C.; CAO, W. Resplendent Brilliance of Chinese Urban History in the World Urban History. *In*: FU, C.; CAO, W. **Introduction to the Urban History of China**. Singapore: Palgrave Macmillan, 2019.

FU, X. **História da Arquitetura Chinesa**. Pequim: China Architecture and Building Press 2001.

GAO, G. Fusão de cidade inteligente de novo tipo e tecnologias inteligentes. **Revista Construção Inteligente e Cidade Inteligente**, Pequim, v. 5, 2017.

GU, C. (ed.). **Plano de desenvolvimento para o Círculo da Capital de Pequim**: novas abordagens na construção de uma cidade mundial. Pequim: Science Press, 2012.

GU, C.; DENNIS, Y. C, Planning Beijing: cidade socialista, cidade de transição e cidade global. **Geografia Urbana**, Pequim, v. 36, 2015.

GUO, L. **O relatório de pesquisa sobre o sistema de padrões da cidade inteligente da China**. Pequim: China Construction Industry Press, 2013.

HARRISON, J.; GU, H. Planning megaregional futures: spatial imaginaries and megaregion formation in China. **Regional Studies**, London, v. 55, n. 1, p. 77-89, 2021.

HSING, Y. **A Grande Transformação Urbana**: Política de Terra e Propriedade na China. Oxford: Imprensa da Universidade de Oxford, 2010.

HU, X. Consideração sobre o novo tipo de design de alto nível de cidade inteligente. **Revista Smart China**, Pequim, v. 7, 2016.

KAMAL-CHAOUI, L.; LEEMAN, E.; RUFEI, Z. "Urban trends and policy in China". **OECD Regional Development Working Papers**, Paris, 2009.

LAO, X.; GU, H.; YU, H.; XIAO, F. Exploring the spatially-varying effects of human capital on urban innovation in China. **Appl. Spat. Anal. Policy**, Shenzhen, v. 14, 2021.

LEE, J. *et al.* Cidade inteligente como transição social para o desenvolvimento inclusivo através da tecnologia: uma história de quatro cidades inteligentes. *Jornal Internacional de Ciências Urbanas*, 27 (sup1), p. 75-100, 2023. https://doi.org/10.1080/12265934.2022.2074076

LEE, Y. K. Construindo a cronologia da história antiga da China. Perspectivas Asiáticas, São Francisco, 2002.

LI, Y.; CHEN, W.; WU, F. Construindo cidades-regiões chinesas sob o empreendedorismo estatal. **Revista Território, Política, Governança**, Pequim, 2023.

LI, Y.; WU, F. Território, estado e geopolítica do desenvolvimento de megacidades-regiões na China. **Manual sobre as Mudanças nas Geografias do Estado**, [s. l.], 2020.

LIN, G.; YI, F. Urbanization of capital or capitalization on urban land? Land development and local public finance in urbanizing China. **Urban Geography**, Pequim, v. 32, n. 1, p. 50-79, 2011.

LIN, Y. *et al.* Charging Network Planning for Electric Bus Cities: A Case Study of Shenzhen. **Sustainability**, Shenzhen, p. 1-27, 2019.

LINCOLN, T. **An Urban History of China**. London: Cambridge University Press, 2021.

LIU, L. Emergência do Estado na China Antiga. Revisão Anual de Antropologia, v. 38, p. 217-232, 2009. Disponível em: https://www.jstor.org/stable/20622650. Acesso em: 16 abr. 2024.

LIU, T. *et al.* Novo tipo de prática de cidade inteligente promove o desenvolvimento sustentável da sociedade inteligente. **Revista Informação e**

Tecnologia, [s. l.], v. 8, 2019. Disponível em: https://d.wanfangdata.com.cn/periodical/xxjsybzh201908005. Acesso em 13 mar. 2024.

LIU, T. *et al.* Regras de construção de cidade inteligente de novo tipo, estudo de padrão nacional de cidade inteligente de novo tipo. **Padronização em Massa**, Pequim, v. 5, 2018.

LONGFELLOW, T. **City Profile**: Shenzhen. E-bi. Ideas Delivered. 2020. Disponível em: https://e-bi.com/2017/03/08/city-profile-shenzhen/. Acesso em 12 mar. 2024.

LU, D.; TIAN, Y.; LIU, V. Y.; ZHANG, Y. O desempenho das cidades inteligentes na China — Um estudo comparativo por meio de mapas auto-organizáveis e análise de redes sociais. **Revista Sustentabilidade**, Pequim, v. 7, 2022.

LU, T.; ZHANG, F.; WU, F. O Sentido de Comunidade em Bairros de Associações de Proprietários de Casa na China Urbana: Um Estudo de Wenzhou. **Debate sobre Política Habitacional**, Wenzhou, 2022.

MA PENG. Processo de fabricação de coluna de aço de grande seção transversal na nova estação ferroviária de alta velocidade de Xiong'na. *In*: SIMPÓSIO NACIONAL DE ENGENHARIA ESTRUTURAL TIANJIN, 20., 2020, [s. l.]. **Anais** [...]. [*S. l.: s. n.*], 2020.

MARSAL-LACUNA, M. *et al.* Lessons in urban monitoring taken from sustainable and livable cities to better address the Smart Cities initiative. **Technological Forecasting & Social Change** 90, 2015.

MARCELINO, F. **Em defesa do projetamento**: Ignácio Rangel e os desafios do desenvolvimento brasileiro. Curitiba: [s. n.], 2022.

MARCELINO, F. **China**: novos ensaios. Curitiba: [s.n.], 2023a.

MARCELINO, F. **Introdução ao planejamento na China**: planos quinquenais e desenvolvimento urbano. Curitiba: [s. n.], 2023b.

NAUGHTON, B. **The Chinese economy**: transitions and growth. Massachussets: MIT Press, 2007.

QIU, X. **China 40 years infrastructure construction**. Singapura: Springer Singapore, 2020. Disponível em: http://link.springer.com/10.1007/978-981-13-9558-1. Acesso em 12 fev. 2024.

REN, S. G.; HU, C. Y.; WANG, L. W. Um estudo empírico sobre o impacto da estrutura de rede na capacidade de inovação regional na China. **Sistemas de Engenharia**, Wuxi, v. 29, 2011.

REN, X. Favelas, favelas e vilas urbanas: crises habitacionais em Guangzhou, Mumbai e Rio de Janeiro. *Current History*, [s. l.], v. 119, n. 813, p. 15-21, 2020.

REN, X. Governando o informal: Políticas habitacionais sobre assentamentos informais na China, Índia e Brasil. *Housing Policy Debate*, [s. l.], v. 28, n. 1, p. 79-93, 2017.

REN, X. 2020. *Governando o urbano na China e na Índia: grilagem de terras, limpeza de favelas e a guerra contra a poluição do ar*. Princeton: Princeton University Press: American Political Science Association, 2021.

ROBINSON, J. Cities in a world of cities: The comparative gesture. **International Journal of Urban and Regional Research**, Oxford, v. 35, n. 1, p. 1-23, 2011.

ROBINSON, J. **Urbanismo Comparado**: Táticas para Estudos Urbanos Globais. John, Oxford: Wiley Edithors, 2022.

SAUNDERS, W. (ed.). **Designed Ecologies**: The Landscape Architecture of Kongjian Yu. Londres: Birkhauser, 2012.

SHEN, P. **Tecnologia de construção de concreto de massa super longa por método sequencial na estação ferroviária de Xiong'an**. Tecnologia de construção (em chinês), 2020.

SHENG, Y. W.; GOU, Q.; SONG, J. P. Pesquisa sobre estrutura de rede e eficiência de inovação em aglomerações urbanas: Um estudo de caso de Pequim-Tianjin-Hebei, Delta do Rio Yangtze e Delta do Rio das Pérolas. **Geogr. Ciência**, Pequim, v. 40, 2020.

STEINHARDT, N. **Planejamento Urbano Imperial Chinês**. Homolulu: Imprensa da Universidade do Havaí, 1999.

SUN, Y. (ed.). Modo de construção de comunidade inteligente e tendência de padronização técnica no âmbito do novo tipo de cidade inteligente. **Revista Construção Urbana e Rural**, Pequim, v. 12, 2020.

SUN, Y.; ZHAO, S. Dinâmica espaço-temporal da expansão urbana em 13 cidades da aglomeração urbana Jing-Jin-Ji de 1978 a 2015. **Indicadores Ecológicos**, Pequim, v. 87, p. 302-313, 2018.

TEO, S.; CHUNG, C.; WANG, Z. Teorizando com a China urbana: Experimentos metodológicos e táticos para estudos urbanos mais globais. **Diálogos em Geografia Humana**, Bruxelas, 2023.

TOWNSEND, A. **Smart Cities**: Big Data, Civic Hackers, and the Quest for a New Utopia. W.W. Nova York: Norton & Company, 2013.

UM-HABITAT. **População mundo e planejamento urbano**. Nova York: ONU, 2012.

WANG, M.; ZHANG, F.; WU, F. Governando o redesenvolvimento urbano: Um estudo de caso de Yongqingfang em Guangzhou, China. **Cidades**, Singapura, 2022a.

WANG, M.; ZHANG, F.; WU, F. O papel do governo local na transição para a sustentabilidade urbana da China: um estudo de caso do desenvolvimento solar de Wuxi. **Cidades**, Singapura, 2022b.

WANG, X.; ZHANG, X. Um estudo comparativo regional sobre a incompatibilidade entre a urbanização da população e a urbanização da terra na China. **Plan ONE**, [s. l], v. 18, n. 6, 2023.

WANG, Z.; YANG, J. Desenvolvimento sustentável da estação ferroviária verde: do projeto à construção da estação ferroviária de Xiong'an. **Design e Pesquisa**, Pequim, 2021.

WEI, Y.; LI, Y. Lógica e reconstrução da construção de cidades inteligentes de novo tipo. **Pesquisa de Desenvolvimento de Cidades**, Pequim, v. 6, 2019.

WONG, C.; ZHENG, W. Quando o Oriente encontra o Ocidente: As perspectivas da pesquisa sobre urbanização chinesa. **Transações em Planejamento e Pesquisa Urbana**, Xangai, p. 7-16,2022.

WOODS, E. **Smart Cities.** Infrastructure, information, and communication technologies for energy, transportation, buildings, and government: city and supplier profiles, market analysis, and forecasts. London: Pike Research, 2013.

WU, F. A longa sombra do Estado: financiarizando a cidade chinesa. **Geografia Urbana**, Pequim, 2023.

WU, F. Teorizando o desenvolvimento urbano na China: Empreendedorismo estatal desde o início. **Diálogos em Geografia Humana**, Hangzhou, 2023.

XIAN, Z. How to Evaluate the Actual Progress of China's Urbanization. **Working Paper**, Pequim, 2013.

XIAOJUAN, Z. **Zhìhuì chéngshì xìtǒng de yāo sù, jiégòu jí móxíng yánjiū [Os elementos, estrutura e modelo do sistema de cidade inteligente].** Dissertação – Universidade de Tecnologia do Sul da China, Guangzhou, 2015.

XIE, L.; CHESHMEHZANGI, A.; TAN-MULLINS, M. Empreendedorismo urbano e desenvolvimento sustentável: uma análise comparativa dos ecodesenvolvimentos chineses. **Jornal de Tecnologia Urbana**, Pequim, v. 27, n. 1, p. 3-26, 2020.

XU, Y.; ZENG, G. A estratégia de evolução e otimização do padrão de rede de inovação colaborativa nas aglomerações urbanas do Delta do Rio Yangtze. **Economia Geográfica**, Yuchang, v. 38, 2018.

XU, Z.; NIU, W. The internal logic and Influence between the "Belt and Road" initiative, urbanization and Land Circulation. **Icidel**, Zhengzhou, 2018.

XUE, L.; ZHOU, W. How did Shenzhen, China build world's largest electric bus fleet? **World Resources Institute**, London, v. 4, 2018.

YU, K.; WANG, S.; LI, D. A abordagem negativa ao planejamento do crescimento urbano de Pequim, China. **Revista de Planejamento e Gestão Ambiental**, Pequim, v. 54, n. 9, p. 1.209-1.236, 2011.

YU, K.; LI, D. **A Path to Urban Landscape:** Talk to Mayors. Pequim: Architecture & Building Press, 2003.

YU, W.; XU, C. Desenvolvendo cidades inteligentes na China: uma análise empírica. **Internacional J. Adm.**, Pequim, v. 5, 2018.

ZANG, W.; LI, Y.; WEI, G. Novo tipo de sistema padrão de cidade inteligente e pesquisa de avaliação. **China Electronic Research Letter**, Pequim, v. 1, 2018.

ZHANG, F.; WU, F. Executando a correção ecológica sob o empreendedorismo estatal: Um estudo de caso da cidade nova de Taihu, China. **Estudos Urbanos**, Xangai, 2022.

ZHANG, F.; WU, F.; WANG, W. Governança cidade-regional sob o empreendedorismo estatal na China. **Transações em Planejamento e Pesquisa Urbana**, Xangai, 2023.

ZHANG, Y. Da cidade inteligente ao novo tipo de cidade inteligente. **Informatização da Construção na China**, Pequim, v. 3, 2017. Disponível em: http://qikan.cqvip.com/Qikan/Article/Detail?id=7000120586. Acesso em: 12 mar. 2024.

ZHU, G.; LIU, Y.; LUO, Q. Novo tipo de design de sistemas de informação de cidade inteligente de alto nível. **Engenharia de Sistemas de Informação**, Pequim, v. 3, 2017.

ZHUOYONG, C. **Urbanization and Spatial Structure:** Evolution of Urban System in China. London: Institute of Developing Economies, 2008.

ZONGHENG, W. Como a China enfrenta a crise das megalópoles? **Outras Palavras**, 2021. Disponível em: https://outraspalavras.net/cidadesemtranse/como-china-enfrenta-a-crise-das-megalopoles/. Acesso em: 1 mar. 2023.

ZYGIARES, S. Smart City Reference Model: Assisting Planners to Conceptualize the Building of Smart City Innovation Ecosystems. **Journal of the Knowledge Economy**, London, v. 4, n. 2, p. 217-231, 2013.